AF502319

# l'Art et les Artistes ROMANTIQUES

PAR LÉON ROSENTHAL

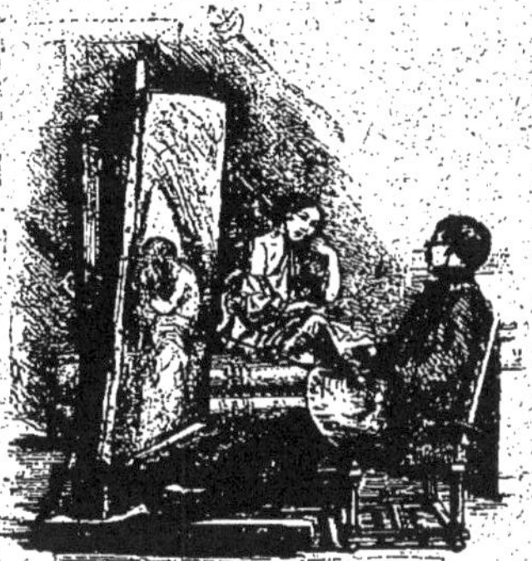

Paris

LE GOUPY, ÉDITEUR

5, BOULEVART DE LA MADELEINE

1928

# L'art et les artistes romantiques

21 MAI 1898
DÉPOT LÉGAL
[illegible]

8° V
47656

**Justification du Tirage :**

20 exemplaires, numérotés de 1 à 20, sur japon impérial.
30 exemplaires, numérotés de 21 à 50, sur hollande Van Gelder.
50 exemplaires, numérotés de 51 à 100, sur vélin d'Arches.
975 exemplaires, numérotés de 101 à 1075, sur pur fil Lafuma.
25 exemplaires hors commerce, numérotés de A à Z, réservés aux collaborateurs.
15 exemplaires, numérotés de I à XV, sur madagascar, réservés à M. Édouard Champion.

EXEMPLAIRE N° H. C.

Réservé au dépôt légal
[illegible]

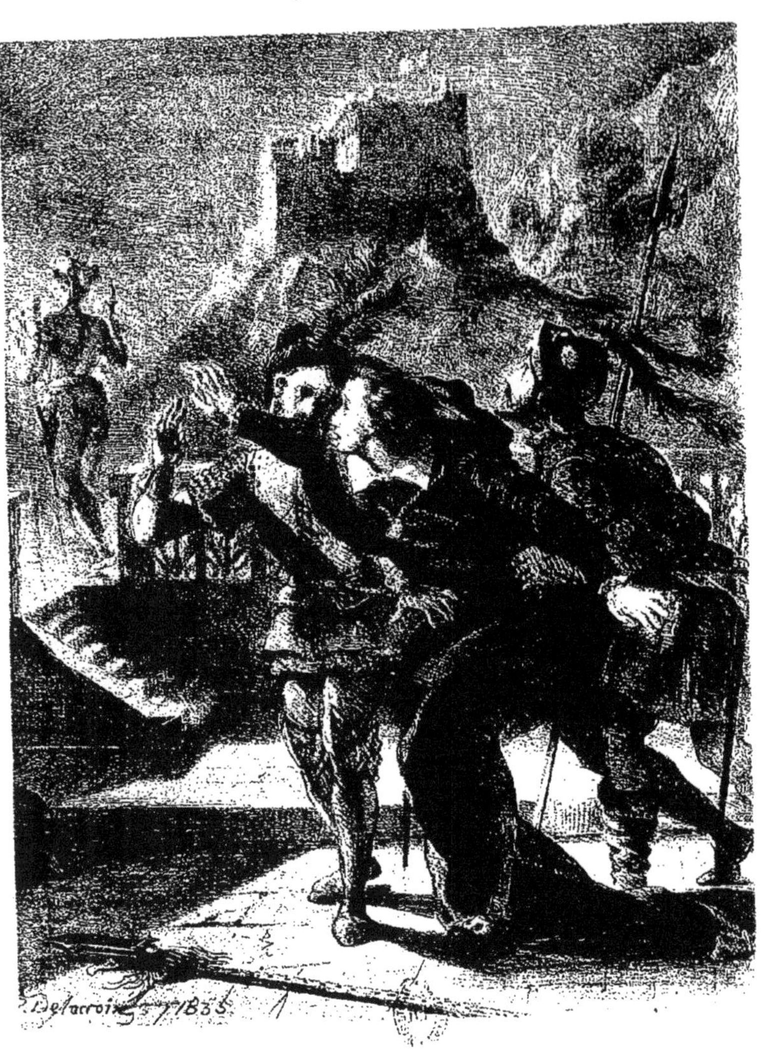

# L'Art et les Artistes ROMANTIQUES

PAR LÉON ROSENTHAL

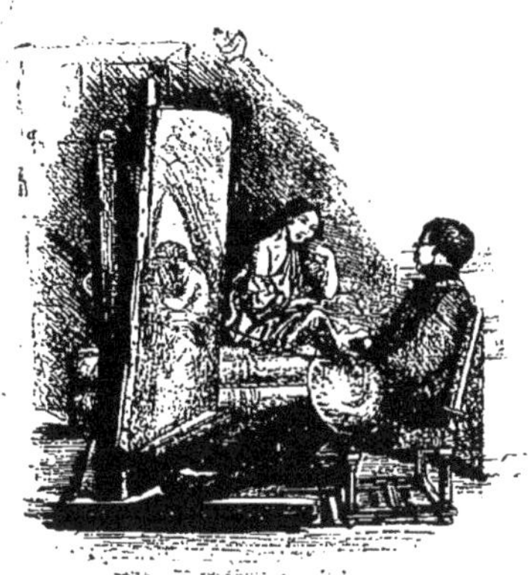

Paris

LE GOUPY, ÉDITEUR

5, BOULEVART DE LA MADELEINE

1928

Copyright

BY

LE GOUPY

1928

*Tous droits de reproduction, de traduction et d'adaptation réservés pour tous pays.*

# Avant-Propos

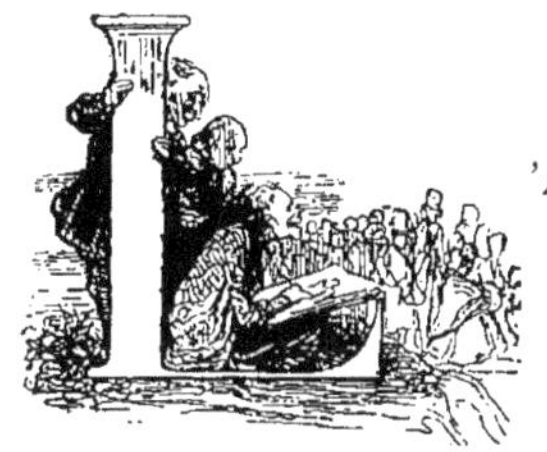

L'AGE *romantique ! Jeunesse, ardeur, une foi généreuse dans l'art, des passions excessives. Parmi des fièvres, des exagérations, des erreurs, une période vraiment riche en idées, en hommes, en œuvres. Je voudrais évoquer brièvement sa physionomie, dire les circonstances de son évolution, dégager quelques traits essentiels, retrouver les liens intimes qui ont uni des manifestations tumultueuses et complexes. Sans dissimuler ses côtés contestables et ses ridicules mêmes, je dirai par quoi elle fut neuve et féconde. Heureux si cette analyse aidait à la comprendre mieux et, par conséquent, à l'aimer davantage.*

*Que l'on nous parle de Renaissance, nous pensons aussitôt à la gloire d'incomparables artistes, et nous avons raison, bien que ces maîtres aient été accompagnés par des humanistes, des penseurs, des poètes. Romantisme, au contraire, rappelle d'abord à nos esprits une révolution littéraire. C'est ensuite, à la réflexion, qu'une élite, mieux informée, s'avise qu'il fut aussi une révolution artistique. Pour commémorer le centenaire du Romantisme, on a choisi la date de 1927, parce qu'un siècle plus tôt avait paru la préface retentissante de* Cromwell. *C'est que tout le monde connaît Hugo et quelques-uns seulement Delacroix, que le livre a une diffusion infiniment plus étendue que l'image et, encore, que le goût public est aiguillé par notre système d'éducation, presque exclusivement vers les lettres. Il n'empêche qu'il y ait là une grave injustice. Ce serait, sans doute, jeu puéril que d'examiner si Delacroix, Théodore Rousseau ou Berlioz ne sont pas aussi représentatifs et, dans leurs sphères respectives, aussi grands que Victor Hugo, Vigny ou Musset. Mais nous entendons proclamer que le mouvement des arts a été aussi intense que celui des lettres et d'un rayonnement pareil. Il n'en est pas le contrecoup. Des influences réciproques se sont exercées, mais, malgré des préjugés répandus, ce n'est pas l'art qui a été tributaire; car les artistes romantiques ont pu demander à la littérature des excitations, mais les écrivains romantiques ont introduit dans la littérature des façons de sentir, de voir et de s'exprimer qui sont proprement artistiques.*

*Le Romantisme littéraire a été, depuis quelques années, l'objet de grandes colères et de violentes polémiques. C'est qu'il a été tenu pour responsable de tendances religieuses, politiques ou sociales, objets de réprobation ou d'enthousiasme. L'art romantique n'a pas été pris à partie, peut-être parce qu'il a paru inoffensif. Pourtant il n'est pas possible de dissocier les deux mouvements. Ils sont liés, non par le hasard de camaraderies personnelles entre quelques peintres et*

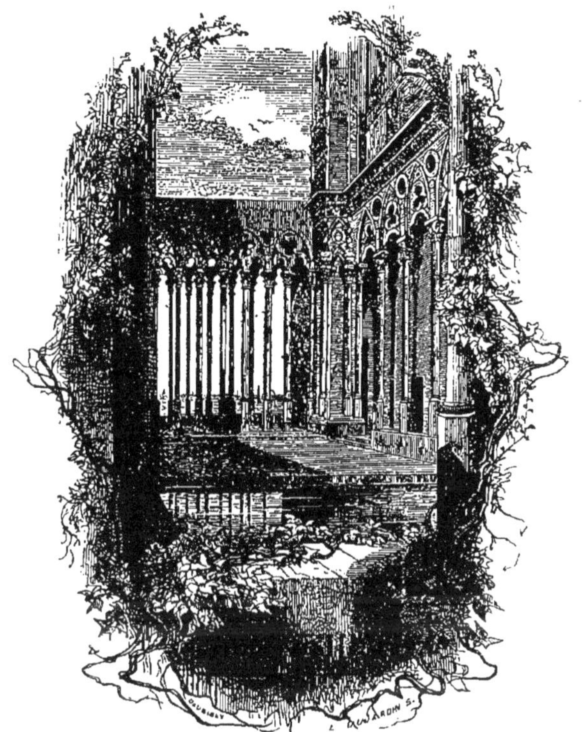

*quelques poètes, mais parce que, dans des ordres différents, ils procèdent d'une origine unique. Ils se sont développés dans une atmosphère commune; ils étaient nés d'une disposition générale des esprits. Il y a eu une génération romantique, dont les membres ont appliqué leur activité aux lettres ou aux arts comme aussi, nous n'en pouvons douter, aux sciences, à la philosophie, à la politique, à l'industrie, à toutes les formes, en un mot, que cette activité était susceptible de revêtir.*

*Qu'est-ce donc que le Romantisme? Pour le définir, je me trouverai d'accord avec ses ennemis que leur haine a rendus clairvoyants. Il se caractérise, avant tout, par la prédominance de la sensibilité sur la raison. Dominer ses passions, s'appliquer à clarifier ses idées, agir avec logique, rechercher des délectations intellectuelles, c'est se comporter en Classique. Se livrer avec complaisance aux entraînements de la passion, écouter les dispositions intimes et les voix profondes qui vous parlent un langage que la raison ne connaît pas, agir selon ses impulsions, aimer ce qui parle aux sens et qui remue le cœur, voilà la marque du Romantique. La raison est une et le Classique, qui se discipline, ne recherche pas l'originalité. Nous avons, chacun, notre sensibilité dont les lois mystérieuses ne s'appliquent qu'à nous-mêmes. Le Romantisme exalte l'individu, il nie l'existence de règles générales impératives; il est, par excellence, personnel et lyrique.*

*La sensibilité répugne aux abstractions. Le Romantique ignore les idées pures; tout se revêt pour lui d'une forme ou s'accompagne d'éléments perceptibles. Ce langage, à quelque sens qu'il s'adresse, n'est jamais un véhicule indifférent. Sons, couleurs, formes ont leur valeur qui, souvent, surpasse celle du fait ou de la pensée qu'ils expriment. Tout Romantique est, par certains côtés, un artiste.*

*Mais l'artiste véritable est celui qu'une sensibilité, plus profonde et plus riche, élève au-dessus de l'humanité médiocre et qui a reçu le don de projeter sa personnalité dans des œuvres tout imprégnées de lui-même. Étranger au milieu des hommes qui se dérobent à la communion à laquelle il les convie, il souffre de son isolement et se replie sur lui-même : il est, tout de même, le prêtre de la religion de l'art. Son activité n'est pas égoïste; il accomplit la mission que la nature lui a imposée. La foule, qui le bafoue ou l'ignore, subit, tout de même, tôt ou tard, son empire. C'est lui qui la dirige, car, parmi les aveugles, il est le voyant.*

*Le culte de la raison donne le sens de l'ordre. Les Classiques acceptent des chefs et se groupent volontiers en cohorte. Les Romantiques cultivent leur moi; la liberté leur est nécessaire; ils la chérissent avec ses périls; ils ne pourront donc former d'école. Ils se présentent à nous sans cohésion apparente, différents les uns des autres, parfois presque opposés. Pourtant ils ne peuvent manquer d'être marqués, tous, par une empreinte commune, puisqu'ils sont nécessairement de leur temps; solidarité inconsciente, mais d'une force singulière si leurs adversaires les plus déterminés ont été, à leur insu, parfois entachés, eux-mêmes, de Romantisme.*

*Le terme : Romantique, Romantisme, est nouveau dans la langue. Il est apparu quand il allait être commode ou nécessaire. Rousseau l'a employé dans les* Rêveries d'un promeneur solitaire; *il se lit dans la*

*Correspondance de Stendhal, en 1801; on le retrouve dans* Obermann, *en 1804. Le sens ne s'en est pas fixé tout d'abord; il a pris son acception définitive et il s'est généralisé, pour les arts, autour de 1824. Proféré par les uns comme une injure, ceux qu'il désignait ont eu, parfois, en un moment de lassitude, la faiblesse de le renier. Il nous appartient, à présent, d'expliquer la gloire dont le temps écoulé l'a auréolé.*

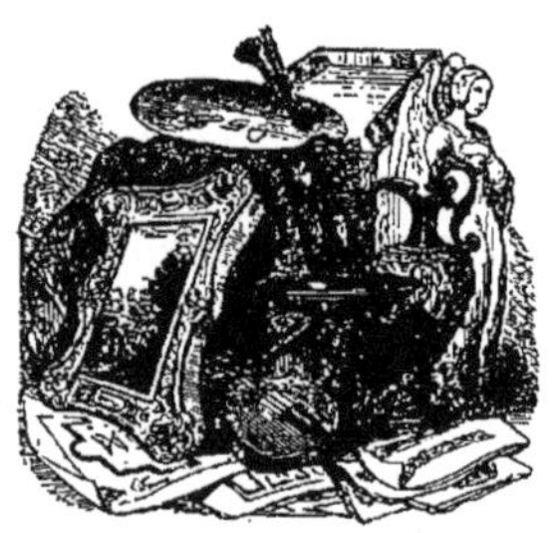

## Les Préludes du Romantisme

u début du XIXe siècle, l'art français formait un édifice grandiose dont l'ordonnance majestueuse était l'image sensible des temps héroïques qui l'avaient érigé. David et ses émules, les architectes, les sculpteurs comme les peintres, étaient animés d'une foi pareille et la faveur publique les entourait parce que chacun, dans leurs œuvres, reconnaissait le reflet de son âme.

Une admiration fanatique était professée pour l'antiquité gréco-romaine. L'art, en apparence, ne visait qu'à retrouver l'inspiration et les méthodes de cette époque bénie qui, seule, avait su dégager, des corps humains où elle se présente toujours altérée et imparfaite, la pure et sereine, l'idéale beauté. Mais l'antiquité revêt, selon les prédispositions de ses admirateurs, des visages multiples : elle peut apparaître, tour à tour, solennelle, aimable, frivole, noble, généreuse ou dépravée. Quand ils l'imaginaient tendue, roidie, guindée vers des cimes inaccessibles, les hommes de la Révolution et de l'Empire y projetaient leur propre génie. A travers Socrate, Romulus ou Léonidas, c'est leur siècle qu'ils glorifiaient. Exaltation de la figure humaine, corps puissants aux larges poitrines, visages réguliers, modelé ressenti, dessin épuré, coloris vif et sans agrément, subordination de la nature, réduite au rôle d'un simple décor. Tout répondait aux inclinaisons des générations galvanisées, d'abord, par la passion de la liberté, puis par celle de la gloire. Une statuaire dépouillée, figée, privée de tout accent, parlait à des yeux auxquels étaient insupportables les grâces du XVIII^e siècle. Palais, temples, monuments commémoratifs, cherchaient, à l'aide du répertoire de Vitruve, à traduire, par de grands partis, massifs et sobres, la majesté du moment. Dans les intérieurs, meubles d'acajou aux formes architecturales, lourdes, décorés de nobles cuivres ciselés, candélabres et pendules solennels, tentures ornées de larges motifs géométriques où l'or s'associait au vert ou au rouge étrusque, composaient des harmonies peu complexes, sévères, créées à l'usage de cette société neuve, peu raffinée et qui avait oublié la douceur de vivre.

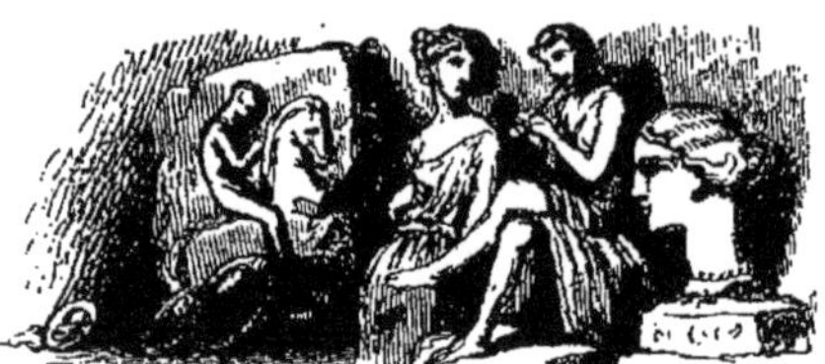

Ensemble artificiel, mais exactement adapté et d'une admirable cohésion, unité qui nous frappe d'autant plus qu'elle contraste avec le désordre des temps qui ont suivi. L'éclat, pour s'être bientôt terni, n'en fut pas moins magnifique. La France, qui prodiguait alors à la politique, aux sciences, à l'armée les hommes de génie ou de haut talent, mit en même temps, au service de l'art, une pléiade d'élite. Quelques noms sont restés populaires, certains, ceux des dissidents dont nous parlerons tout à l'heure, ont grandi peu à peu; la plupart ont pâli, compromis par le discrédit dans lequel est tombée la période qu'ils illustrèrent.

Écartons nos préjugés actuels, nous comprendrons alors l'orgueil dont étaient pénétrés les contemporains lorsqu'ils parlaient de « l'École française ». Auprès de David, chef du chœur, ils voyaient peindre Girodet, Gérard, Guérin et Gros et Prud'hon, bien d'autres encore, car il serait facile de multiplier les noms. Cartellier, Roland, Lemot, Chaudet, Bosio, sans parler de Houdon vieilli, brillaient parmi les sculpteurs. Percier et Fontaine guidaient les architectes. Bervic maniait le burin. Jacob composait des meubles, Gouthière ciselait les cuivres. Bony, après Philippe de la Salle, dessinait des étoffes; Odiot fabriquait de l'argenterie. Cependant Méhul, Lesueur, Spontini, Boieldieu illustraient la musique française. Toute l'Europe réunie n'aurait pu contrebalancer cette phalange. Par son art, comme par ses idées, comme par ses armes, la France dominait le monde.

Éblouis par le présent, les contemporains pouvaient-ils douter de l'avenir? La plupart des maîtres que je viens de citer étaient en pleine activité à l'heure où l'Empire s'écroula. Ils avaient formé des élèves qui commençaient à se produire. Appuyée par une doctrine certaine, forte d'œuvres exemplaires, l'École française allait

2

continuer sa glorieuse carrière. Aux *Sabines*, à *Léonidas*, aux sculptures de la colonnade du Louvre, à la colonne de la Grande Armée, succéderaient des chefs-d'œuvre, conçus dans le même esprit, accueillis par un semblable enthousiasme.

Pourtant l'École était fragile, comme l'était l'Empire lui-même, et, sous ses triomphantes apparences, des forces complexes travaillaient à la ruiner. Par un curieux paradoxe, elle imposait aux artistes une exacte discipline dans le temps même où la Révolution, brisant les cadres sociaux, enseignait à chaque individu qu'il aurait la place qu'il saurait conquérir à force d'originalité, d'audace et d'énergie.

David ramenait les esprits vers la Grèce et vers Rome, et jamais la réalité présente ne s'était imposée avec plus de véhémence. Un artiste pouvait-il rester indifférent devant la tempête révolutionnaire ou l'épopée impériale? Essayait-il de se dérober et de fermer son atelier aux bruits du dehors, la Révolution, l'Empire venaient requérir ses talents. Comment refuser des commandes imposées par le prince et qui, d'ailleurs, assuraient l'existence matérielle? Ainsi David fut contraint à produire des chefs-d'œuvre dont il gémissait; ainsi lui furent arrachés *le Serment du Jeu de Paume, Marat, le Sacre*. Cette confrontation avec la vie, l'obligation, pour se créer des ressources, de peindre ou de modeler des portraits, n'empêchent pas seulement l'éclosion de pages conçues selon le canon orthodoxe; à l'insu des artistes, elles menacent leur esthétique abstraite. Sans doute il leur arriva d'essayer d'imposer aux vivants leurs conventions et leur style : il y eut des allégories drapées et des statues de généraux dénudés. Subterfuges vains et exceptionnels : la réalité était la plus forte. Elle contraignit les artistes à l'observer et à voir. Chez les uns elle réveilla les instincts de sincérité engourdis par l'esprit de système; à d'autres, qui refoulaient dans leur cœur des désirs de richesse, de volupté, d'éclat, elle s'offrit multiple et véhémente, et les obligea à savourer la joie des foules bigarrées, des types contrastés et des cieux divers. David, hypnotisé par une antiquité conventionnelle, avait tout ignoré du passé. Et voilà que la curiosité historique, sollicitée par la crise révolutionnaire, s'éveille. Chateaubriand évoque les Gaulois et les Francs, Michaud chante les croisades; Raynouard fait jouer *les Templiers,* Michelet enfant parcourt, secoué par un enthousiasme fiévreux, les salles de ce Musée des Monuments français où Lenoir, à l'aide des pierres arrachées à la fureur populaire, a résumé plusieurs siècles d'histoire. Des collectionneurs recherchent bahuts, émaux, miniatures. Une image de la France commence à se dessiner par traits d'abord un peu vagues et pâles et le style troubadour annonce l'invasion d'un esprit nouveau.

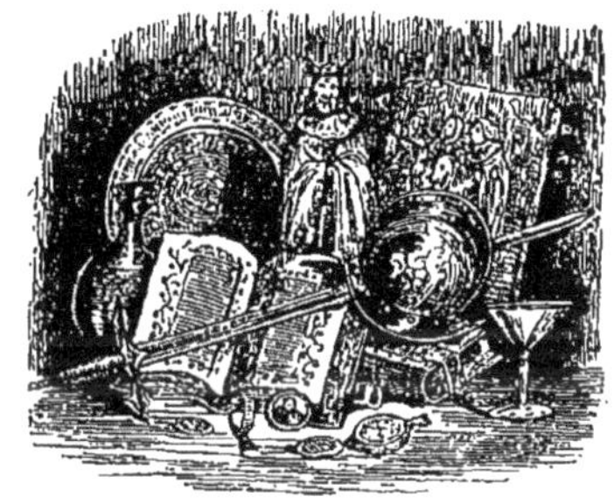

En même temps, l'attention se porte sur églises et cathédrales naguère méprisées. Un retour à la religion a marqué la fin du XVIIIe siècle. Napoléon le favorise.

Chateaubriand publie, en 1802, *le Génie du christianisme* où toute une génération salue ses espérances. Il y affirme l'inspiration religieuse supérieure à toute autre et essaye de le prouver pour les lettres, en 1809, par *les Martyrs*. Les arts pourront-ils se dérober? Les temples rouverts réclament des tableaux et des statues. Jupiter, Apollon et Minerve fourniront-ils des types pour le Christ ou la Vierge? Le Panthéon antique traduira-t-il la foi des âmes?

L'exaltation révolutionnaire, l'emphase impériale ont galvanisé les Français. Mais les Conventionnels eux-mêmes proclamaient leur sensibilité. L'influence de Rousseau ne cesse de se produire. Tant de secousses, de drames publics et privés usent les énergies! La gloire, à se continuer trop longtemps, émousse son prestige : dans le silence de l'Empire, l'activité économique ralentie, la jeunesse décimée, les guerres sans cesse renaissantes, provoquent détente et lassitude. Aux abords du Musée des Monuments français, Lenoir a ménagé un Élysée propice à la mélancolie. L'impératrice Joséphine rêve sous les ombrages de la Malmaison. En 1804, Sénancour raconte la sombre destinée d'*Obermann* qui, dans les solitudes alpestres, demandait à la nature des consolations.

Ainsi, l'atmosphère générale, malgré des apparences orgueilleuses, tend à dissoudre l'École. Elle subit des assauts plus directs dans l'ordre des arts mêmes. C'est par une révolte sans ménagement contre le XVIIIe siècle que David s'est déclaré. Il a renié ses maîtres et, avec eux, tout l'héritage des traditions accumulé depuis la Renaissance. Il n'a voulu connaître que le modèle et le moulage antique. En 1793 s'ouvre au public le Musée du Louvre. Bientôt la victoire y accumule les chefs-d'œuvre arrachés à l'Italie et aux Flandres. La jeunesse avide restera-t-elle insensible aux appels du Titien, de Véronèse ou de Rubens? Verra-t-elle, sans émotion, au Musée du Sénat Conservateur, *la Vie de Marie de Médicis?* Les statues du Moyen Age, de la Renaissance, exposées dans le Musée de Lenoir, seront-elles muettes pour les élèves sculpteurs?

En effet, un travail s'accomplit. On remarque, chez les collectionneurs, un engouement grandissant pour les tableaux hollandais. A Lyon, le peintre Revoil rassemble, avec un goût sûr, d'admirables objets médiévaux ou du XVIe siècle; il les consulte pour peindre, avec une science timide et appliquée, des sujets historiques; son ami Richard Fleury l'imite et l'École de Lyon a du succès même à Paris. Manifestations modestes et qui n'apparaissent pas redoutables.

C'est au cœur de l'École, parmi ses protagonistes, chez les maîtres les plus réputés qu'un avenir transformé est en puissance. Les contemporains en ont eu un partiel pressentiment.

Ils n'ont pas reconnu que *Marat*, que *le Sacre*, que la multiplication des portraits apportaient aux artistes des indications libératrices. Mais ils ont redouté l'action de Gros. Cet homme au caractère timide, dont le plus sincère désir aurait été d'être le lieutenant fidèle de David, était poussé, comme malgré lui, par une force intérieure. Il portait en lui, involontairement, les vérités qui allaient s'épanouir. *Les Pestiférés de Jaffa* sont plus que la préface du Romantisme. La joie de peindre, la recherche du caractère, du mouvement, de la vie y sont proclamées, affirmation générale à laquelle s'ajoutent orientalisme et pittoresque. Mais cette toile célèbre, que la jeunesse ne cessera de consulter, n'est pas un phénomène exceptionnel. Tout l'œuvre de Gros, ses grandes machines, ses portraits, ses croquis, ses aquarelles développent un vaste programme : suprématie de la couleur, étude des cieux, des races, intérêt des animaux et, surtout, des fauves. L'histoire nationale y figure avec *la Visite de Charles-Quint et de François Ier à Saint-Denis*, il a songé à *Othello* et à *Ugolin* en 1804, et la mélancolie moderne enveloppe le portrait posthume de la femme de Lucien Bonaparte.

Gros effraye ses contemporains. Ils ont haussé les épaules devant les excentricités de la secte des Primitifs qui prétendaient ramener l'art aux pratiques sévères des précurseurs de Phidias, au reste, à ce moment, presque totalement ignoré, et ils ont considéré comme un dévoyé un élève de David, prix de Rome de 1801 et qui, après avoir marqué de la sympathie pour les Primitifs, vivait isolé en Italie. Je veux parler de Jean-Dominique Ingres. La gloire d'Ingres est, aujourd'hui, à un point tel qu'il paraît impossible d'y rien ajouter. Pourtant ceux qui admirent le portrait de *Madame Devauçay, la Chapelle Sixtine* ou *la Baigneuse* y attacheraient encore plus de prix s'ils les replaçaient à l'époque où ils furent produits. Quelques dates paraissent, ici, nécessaires. Il a peint son propre portrait (Chantilly) en 1804, *la belle Zélie* en 1806, *Madame Devauçay* et *Granet* en 1807, *Madame de Sénones* en 1814. *Œdipe* est de 1808, *Jupiter et Thétis* de 1811, ainsi que *Vénus Anadyomène; Romulus vainqueur d'Acron*, 1812; *la grande*

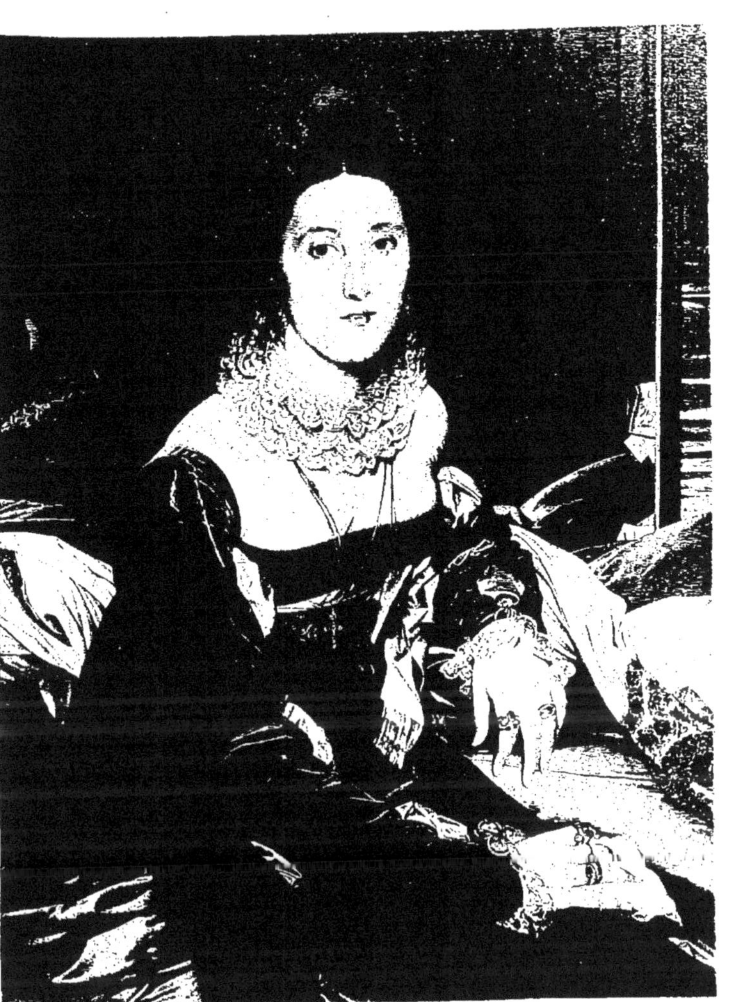

*Baigneuse* est de 1808 et *la grande Odalisque* de 1814; *Ossian* de 1811 et *la chapelle Sixtine* de 1814. Dans cette même période ont été dessinés au crayon *la famille Forestier* et *la famille Stamaty, M. et Madame Leblanc,* cent autres chefs-d'œuvre. C'est donc en plein règne de David qu'ont été conçues et exécutées ces pages où tout, inspiration, sensibilité, moyens d'expression, est neuf; pages dont quelques-unes, ainsi *Jupiter et Thétis,* trouvent encore, à l'heure actuelle, à nous surprendre. Parmi tant d'artistes dociles, Ingres avait une indépendance indomptable; il avait rompu avec David, voulait « devenir un novateur et imprimer à ses ouvrages un caractère inconnu » jusqu'à lui. Son dessin subtil s'était aiguisé au contact des Primitifs italiens qu'il fut l'un des premiers à connaître et des vases grecs qu'il sut, le premier, regarder. Il cherchait partout matière à nourrir son génie, s'inspirait également de l'antiquité classique, de l'histoire, de la poésie, de la réalité présente, de l'Orient. Il ne méprisait pas la couleur, révérait Titien, et, versatile, nerveux, divers d'une toile à l'autre, il inventait parfois des harmonies acides et de précieuses dissonances. Le trait, avec une précision implacable mais avec une infinie souplesse, enveloppait des formes pures mais non abstraites où se lisaient une ardeur concentrée et une religion sensuelle de la beauté. Celui qui peignait le paradis fantastique de Fingal, le corps onduleux de Thétis et qui faisait flotter, autour de madame de Sénones rêveuse, une atmosphère languide, était, en un ordre différent, un préromantique tout ainsi que Gros et il était plus exceptionnel encore, plus moderne que celui-ci.

Sa force n'avait pas encore été reconnue. Au contraire,

Prud'hon poursuivait sa carrière au milieu d'hommages perpétuellement traversés par des préventions. On ne se dérobait pas à son charme, que l'on estimait, au reste, incommunicable mais on redoutait ses exemples techniques. On croyait qu'il dessinait mal parce qu'il n'avait pas la superstition du contour. Sur le papier bleuté le fusain et la craie faisaient saillir les volumes, enveloppaient, dans l'espace, des formes synthétiques et palpitantes. En cet âge héroïque, il avait gardé le culte des grâces mais avec une ardeur pénétrante que le XVIIIe siècle n'avait pas connue, et il y joignit une inquiétude qui l'arrache au passé pour le rapprocher de nous.

La sculpture marchait d'un pas plus égal. Plus que tout art elle était obsédée par le culte de l'idéal héroïque. Elle n'y était pourtant pas absorbée totalement. Houdon survivait, capable de retrouver, dans le buste de Napoléon, toute la pénétration de son génie véridique. Chinard alliait aux passions de son temps un instinct de séduction. Chardigny modelait, à Aix, *la Cueillette des olives.* Roland, reconnu comme un des premiers dans son art, n'avait pas oublié les leçons de Pajou ; il donnait à ses élèves l'exemple de la sincérité, et sculptait des bustes d'une vision très directe. J.-B. Giraud, qui avait modelé le corps palpitant d'*Achille expirant,* dans son hôtel de la place Vendôme où il avait réuni des moulages antiques et italiens, prêchait avec son ami Émeric David contre l'illusion du beau idéal en faveur de l'observation, et Grégoire Giraud s'apprêtait à appliquer ses leçons.

Il n'est pas jusqu'à l'architecture qui ne donnât quelques signes de gestation. Percier et Fontaine, les architectes officiels de l'Empereur, étaient touchés par le sourire de la Renaissance italienne. Les aquarelles de Percier en portent témoignage et l'arc de triomphe du Carrousel reflète, en intentions aimables, cette sympathie.

Parlerai-je de la musique? Son évolution se distinguait de celle des arts plastiques; les doctrines davidiennes ne trouvaient pas à s'y appliquer et aucun maître n'avait eu assez d'envergure pour imposer une doctrine. La Révolution, qui avait fait oublier la querelle des gluckistes et des piccinistes, avait offert aux musiciens, avec les plus beaux motifs d'inspiration, des formes nouvelles et incomparables d'activité, quand elle avait demandé à Gossec, Lesueur et Méhul de collaborer aux fêtes populaires organisées par David. Sous l'Empire, tandis que Boieldieu prélude, non sans distinction, au succès fâcheux de l'opéra comique, que Méhul nous attendrit sur les malheurs de *Joseph* (1807), Lesueur remporte un succès mémorable avec *Ossian ou les Bardes*. D'un style dépouillé mais très personnel il veut être descriptif et fantastique. Le choix seul de son livret annonce le Romantisme.

Ainsi, à l'heure où les Français s'imaginaient avoir fixé la fortune et assigné des formes définitives aux arts, des forces jouaient, qui préparaient une évolution prochaine. Ces forces étaient complexes et par plus d'un côté opposées. Les unes appelaient le règne de la réalité et les autres exaltaient l'imagination et le rêve. Aucune de ces tendances ne pouvait s'effacer mais il dépendait des événements que l'une ou l'autre prît l'avantage. Si l'Empire s'était consolidé, dans un ordre devenu stable, les esprits se devaient peu à peu détendre; un art calme, sain, équilibré se serait, sans doute, développé : triomphe du

Réalisme. Qu'un orage, au contraire, vînt à éclater, une période de crise devait s'ouvrir où les artistes désorientés obéiraient moins à la raison, seraient en proie à leur sensibilité, à leurs nerfs : triomphe du Romantisme.

Ce fut l'orage qui éclata et le plus terrible. La chute de l'Empire, l'invasion, le retour des Bourbons ébranlèrent profondément la France humiliée et meurtrie. En aucun ordre, ni religieux, ni politique, ni social, il ne se trouva plus désormais d'asile sûr. Le mal du siècle s'exaspéra. Les hommes désemparés se replièrent sur eux-mêmes; ils cherchèrent dans leur propre pensée la loi de leurs actions. Ils s'élancèrent douloureusement sur les voies incertaines de la liberté, guidés par leurs sentiments et non par la logique. A ce moment l'Angleterre, dont la guerre nous avait isolés, reprit le contact préparé, au XVIII<sup>e</sup> siècle, par Voltaire. Déjà nous avions regardé du côté de l'Allemagne. L'influence des pays germaniques s'exerça dans le sens que M<sup>me</sup> de Staël avait indiqué avec une lucidité parfaite : Gœthe, Schiller, Shakespeare, Walter Scott, Constable, Lawrence ou Beethoven vinrent nourrir les aspirations d'une génération inquiète. Et c'est ainsi que s'ouvrirent les temps romantiques.

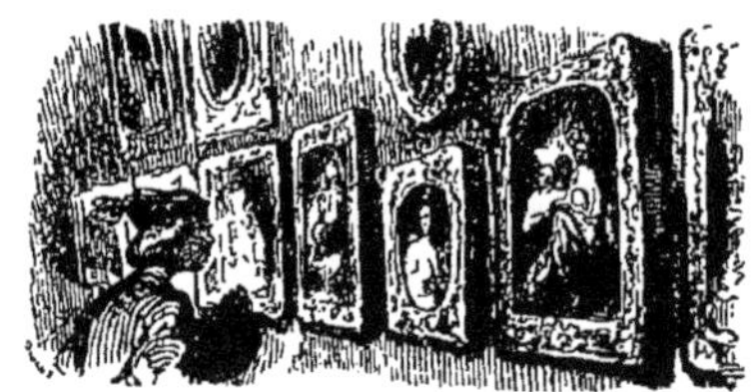

# La Période romantique

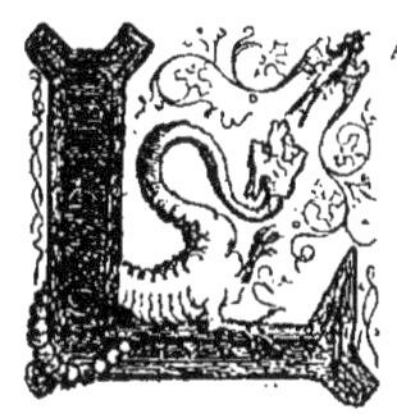

La fleur ne se flétrit pas à l'instant où elle vient d'être coupée. Elle s'épanouit dans le vase; les boutons trouvent encore à s'ouvrir. L'encens brûle longtemps sur les autels des Dieux morts. L'École française ne parut pas atteinte par le cataclysme qui ébranlait la France; parmi tant de ruines, elle demeurait intacte et l'on célébra sa vitalité sans soupçonner qu'elle eût perdu ses raisons profondes d'exister.

Au Salon de 1817, le premier qui se tint sous la Restauration, rien, aux yeux du public, ne donna l'impression d'un changement. Malgré l'exil de David, les mêmes maîtres exposaient, défenseurs des mêmes doctrines. A leurs côtés venaient se ranger des jeunes gens, leurs élèves et leurs émules, épigones capables de soutenir la bonne cause. Sans doute, on regrettait que la politique eût imposé ou suggéré, une fois encore, des sujets peu conformes à la mission de l'art : anecdotes historiques, thèmes religieux. Gérard avait peint *l'Entrée de Henri IV à Paris,* comme il avait, naguère, célébré *le Dix Août.* Il se manifestait bien aussi quelque lassitude; certains artistes, avec une audace timide, avaient conçu des scènes dramatiques ou tenté des effets d'éclairage. Peu de chose, en somme. Si le jeune Horace Vernet présentait une grande page pittoresque, *la Bataille de las Navas de Tolosa,* c'était un écart isolé; *le Grand Condé,* de David d'Angers, inspirait la curiosité sans paraître redoutable.

Et, cependant, une jeunesse ardente, inquiète, nerveuse, à ce moment même, dans les ateliers, au musée du Louvre, s'interrogeait et cherchait l'avenir. Elle sentait, sans en apercevoir les raisons exactes, que la vie s'était retirée des formules qui avaient, pendant un demi-siècle, fait la grandeur de l'art français. Une âme y avait été contenue; elle ne les soutenait plus. Restaient des règles académique shistoriquement vénérables, mais périmées. Sur cette jeunesse, les professeurs illustres n'avaient plus de prise. Elle cherchait au hasard ou bien, comme il arrive dans les moments de désarroi, l'on adoptait, pendant quelques semaines, comme guide, tel camarade qui avait paru, un instant, inspiré. Gros, depuis le départ de David, refrénant son tempérament, s'était imposé la mission de diriger l'École et d'y maintenir l'orthodoxie et, dans son atelier, en 1827, il couvait Paul Delaroche, Hippolyte Bellangé, Robert Fleury, Eugène Lami, Roqueplan et Barye!

Brusquement, au Salon de 1819, le travail latent se révéla et ce fut le scandale inouï du *Radeau de la Méduse.* Cette toile immense, dont les dimensions seules étaient un défi, avait une autorité qui s'imposait

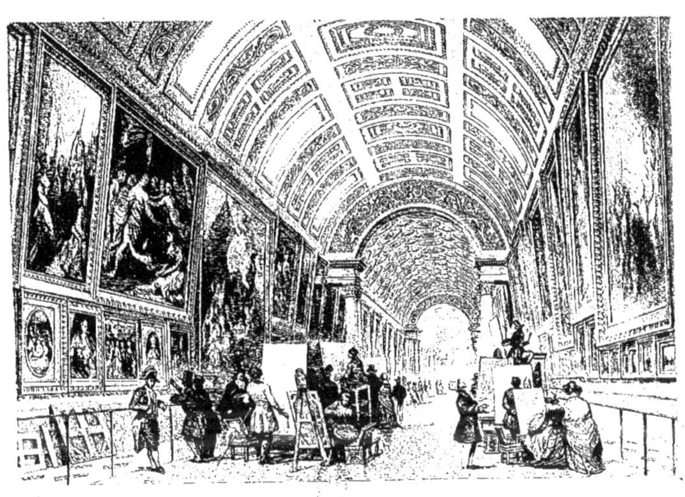

à ceux-là mêmes qu'elle désolait. Avec elle, aucune illusion n'était permise, la bataille était engagée. Géricault y niait tout ce qu'avait affirmé l'École : la hiérarchie des genres, puisqu'il donnait à un fait divers les proportions de l'épopée, le beau idéal, la suprématie du dessin, le fini apparent, l'ordonnance balancée, la sérénité. Cette peinture, puissante, véhémente, proclamait la joie de peindre, les droits du mouvement, du drame, de la vie. Par delà le canon de David, elle s'appuyait sur les enseignements du passé et, forte de la tradition qu'elle renouait, elle annonçait un art libre. Tandis que les critiques gémissaient, émus, d'ailleurs, par l'invasion des sujets anecdotiques et religieux, la jeunesse acclama, en Géricault, son porte-drapeau. Il avait, certes, des instincts de réaliste épique que bien peu partageaient avec lui, mais, à tous, il avait montré l'exemple et donné le courage de s'affirmer.

Il exerçait sur ceux qui l'approchaient, et, parmi eux, sur le jeune Delacroix, une séduction singulière. Ses dessins, ses gouaches, ses aquarelles donnaient des suggestions qui corroboraient souvent les intuitions de Gros. En même temps, en un autre ordre, il ouvrait des voies nouvelles. La lithographie, inventée en 1796, n'avait, jusqu'alors, donné que de timides ou d'imparfaits essais. Géricault s'en empara et, avec une certitude admirable, il en révéla toutes les possibilités. Grasse, souple, colorée, au besoin excessive, la lithographie qui aurait mal servi David et ses élèves, offrit sa complicité à la jeunesse frémissante.

L'action de Géricault fut profonde et durable, mais il ne reprit plus, après *la Méduse,* contact avec le public.

Il n'exposa pas au Salon de 1822 et devait mourir au début de 1824, après une longue agonie de onze mois. Avant qu'il eût succombé, une autre main avait saisi le flambeau. *Dante et Virgile aux Enfers* parut au Salon de 1822 et, de ce jour, Eugène Delacroix fut célèbre. On n'a pas oublié les acclamations et les injures, l'en-

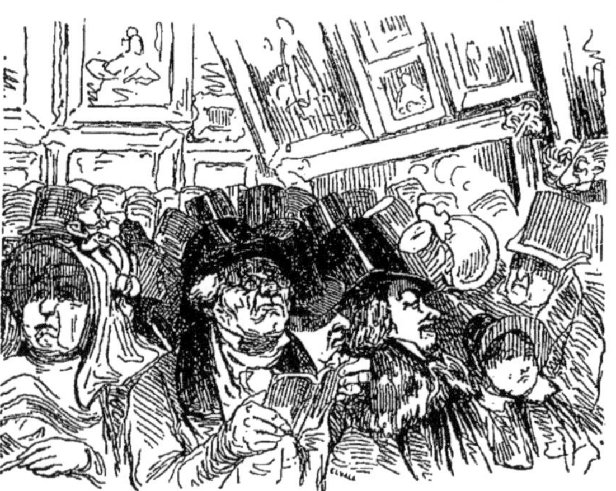

thousiasme de Gros, l'article de Thiers, la colère de Delécluze. Bien qu'il n'y fût pas encore tout entier, Delacroix, dès ce premier contact, donnait l'impression qu'il devait, toute sa vie, provoquer, d'une force supérieure incomplètement accessible. Près de lui, destinés à une notoriété passagère ou durable, étaient entrés en ligne Bonington, Champmartin, Sigalon, Camille Roqueplan, Ary Scheffer, Achille Devéria.

Au Salon de 1824, il ne s'agit plus de manifestations éparses; le mouvement s'est généralisé; l'orientation de l'art est en jeu. Les Romantiques s'attroupent devant *le Massacre des Innocents,* de Champmartin; *la Locuste,* de Sigalon; *Gaston de Foix,* d'Ary Scheffer, devant Roqueplan, Isabey, Eugène Lami, et des discussions frénétiques s'engagent autour du *Massacre de Scio,* dont un siècle n'a pas amorti la fougue passionnée et qui, dans toute sa fraîcheur éblouissante, offusquait les yeux mal préparés des davidiens.

Comme s'ils voulaient épauler les novateurs, à côté de Bonington, Copley Fielding, Constable et Lawrence sont venus exposer.

A ceux qu'effrayent les outrances, Léopold Robert, Schnetz, Paul Delaroche, Horace Vernet, Granet, les Lyonnais, offrent des pages plus ou moins édulcorées ou mitigées, adroits ou inconscients compromis entre les habitudes anciennes et les motifs à la mode.

Devant ces attaques et ces abandons, l'École fait front. Il convient, en effet, d'y insister : la lutte a été, pour les artistes, bien plus dure que pour les écrivains. Victor Hugo et ses émules se trouvaient en présence de formules usées, vieillies, d'écrivains médiocres. On leur opposait injures ou railleries et non des œuvres. L'École, dont les artistes entreprenaient la ruine, était, nous l'avons dit, d'origine récente. Les enthousiasmes qu'elle avait suscités étaient d'hier. Girodet remportait encore un brillant succès, avec *Pygmalion,* au Salon de 1819; Gérard avait exposé *Corinne au cap Misène,* en 1822, et *Daphnis et Chloé,* en 1824. Abel de Pujol, Blondel, Cogniet, Couder, Heim, Picot étaient désignés pour succéder à leurs maîtres. Ils n'étaient pas sans valeur. La *Scène de la Prise de Jérusalem,* par Heim,

1824, est depuis longtemps au Louvre. *L'amour et Psyché,* par Picot, 1819, vient d'y entrer. Ce sont des morceaux qu'on ne peut mépriser. Mais le temps était contraire à l'École et nul, depuis l'exil de David, n'avait l'autorité, l'activité nécessaires pour imposer la discipline à la jeunesse, la galvaniser et lui rendre confiance dans les doctrines éprouvées. Il fallait un chef : on s'adressa à Ingres.

Hier encore, il était à l'index. Exposée avec *Roger délivrant Angélique* au Salon de 1819, *la Grande Odalisque* avait été taxée d'aberration systématique, destinée à ramener l'art à son enfance. Les novateurs le regardaient avec sympathie. *Le Vœu de Louis XIII,* au Salon de 1824, produisit en sa faveur, dans les rangs orthodoxes, un revirement complet. Il apparut comme le sauveur nécessaire : on oublia le caractère personnel de son génie pour ne songer qu'à sa science, et aussi à son énergie. En 1825, il fut élu membre de l'Institut.

1825 vit le sacre de Charles X à Reims. Pour la cérémonie, toute une décoration gothique avait été improvisée : galerie devant la façade, tribunes à l'intérieur de la nef. Ainsi s'affirmait, en une circonstance solennelle, le triomphe du Moyen Age, hier encore méprisé. Tout avait concouru à ce revirement : la religion et la politique y étaient intéressées; il était soutenu par le développement des sciences historiques : l'École des Chartes s'était ouverte en 1821. L'année même du sacre, Charles X achetait la collection Durand qui, avec la collection Revoil acquise en 1828, donnèrent au Moyen Age une place importante au Louvre. *Notre-Dame de Paris* allait, en 1831, mettre le comble à cet engouement. Il se manifestait partout : dans l'inspiration des écrivains et des artistes, dans le bibelot, le meuble, dans la mode.

La mort de David à Bruxelles, au début de 1826,

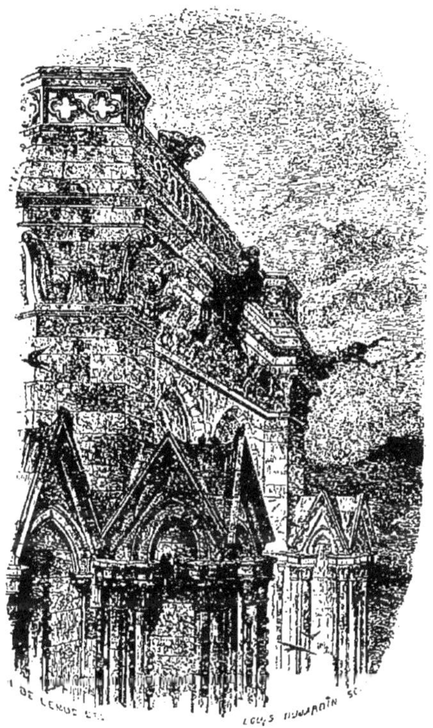

passa presque inaperçue. Quelques semaines plus tard s'ouvrit une exposition en faveur des Grecs. On y avait rassemblé quelques-unes des toiles les plus célèbres de l'École : *La mort de Socrate, Marcus Sextus* y figuraient. De leur côté Delacroix, Devéria, Roqueplan et Scheffer avaient exposé. Cette confrontation eut son effet ordinaire. Les enthousiasmes éteints se réveillèrent : on accabla les novateurs sous le poids de ce glorieux passé. Récriminations vaines : il n'était pas possible de ranimer un corps mourant. Mais plus d'une sympathie se détourna des Romantiques et, à partir de ce moment, ils furent attaqués sans merci.

1827. Préface de *Cromwell.* Le parallèle entre Hugo et Delacroix, qui désormais sera répété à satiété, vient d'être institué par Louis Vitet dans *le Globe.* La lutte artistique est à son paroxysme et le Salon de 1827, selon le mot d'un contemporain, se transforme en « États Généraux de la Peinture ». Les plus caractérisées des pages qui furent alors exaltées, couvertes d'éloges hyperboliques et, tout ensemble, insultées avec frénésie, sont aujourd'hui entrées dans les musées et, à un siècle de distance, il est possible de reconstituer, par l'imagination, ces assises fameuses. On y voyait, de Delacroix, *Sardanapale* (au Louvre),

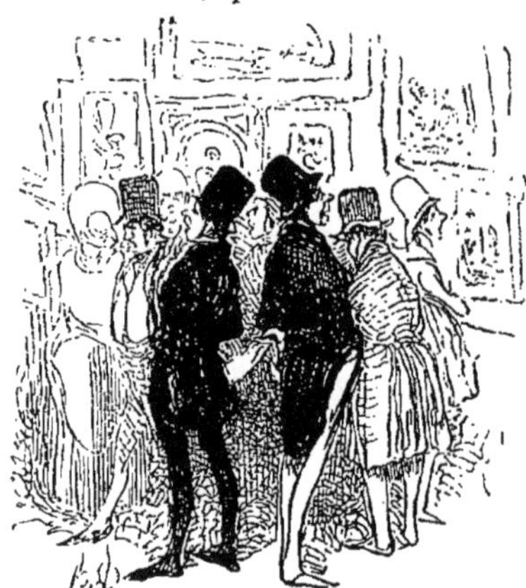

*Marino Faliero* (collection Wallace à Londres), *le Christ au jardin des olives* (église Saint-Paul); *l'Athalie*, de Sigalon (à Nantes); *la Naissance de Henri IV*, de Devéria (au Louvre); *Mazeppa*, de Boulanger (à Rouen); *les Femmes Souliotes*, d'Ary Scheffer (au Louvre); *le Soldat de la garde d'un vizir*, par Decamps (collection Wallace); *l'Espion Morris* par Roqueplan (à Lille). En face de ce groupe, *la Mort d'Élisabeth* (au Louvre) et *la Prise du Trocadéro* (à Versailles), par Paul Delaroche; *Mazeppa*, par Horace Vernet (à Avignon); *le Tasse*, par Robert Fleury (à Lyon); *Thomas Morus*, par Jacquand (à Lyon); *la Madone de l'Arc*, par Léopold Robert (au Louvre); *Saint Louis délivrant des prisonniers*, par Granet (à Amiens). Heim exposait *Charles X distribuant des récompenses* (au Louvre); Gérard, *l'Entrée de Henri IV à Paris* (à Versailles) et la célèbre *sainte Thérèse*. Bonington avait *la Vue de Venise* (au Louvre) et Lawrence, *Master Lambton*. Une telle liste — et on pourrait l'étendre — ne témoigne-t-elle pas d'une intensité exceptionnelle? Pages inspirées, fiévreuses, solides ou habiles, n'étaient-elles pas dignes d'agiter les esprits? Échec complet de Sigalon, échec de Delacroix, dont on ne regarde pas *Marino Faliero* et dont amis et ennemis accablent le *Sardanapale;* succès de Boulanger, triomphe, sans lendemain, d'Eugène Devéria, l'auteur de *la Naissance d'Henri IV*, dont on crut, un instant, qu'il serait le vrai chef du Romantisme. Au milieu de ce tumulte, deux débutants, Corot et Paul Huet, passèrent quasi inaperçus et par eux, cependant, le paysage à son tour, était entraîné dans la mêlée.

Quelques jours après l'ouverture du Salon, des Salles nouvelles, le Musée Charles X, avaient été ouvertes au Louvre. Ingres avait peint, sur l'un des plafonds, *l'Apothéose d'Homère* qui ne fut, à vrai dire, comprise par personne et suscita surtout l'admiration du camp romantique.

La première représentation de *Henri III et sa cour*, par Alexandre Dumas, le 10 février 1829, ne fut pas seulement un événement littéraire. Elle manifesta un changement profond dans l'art du spectacle. Les portiques

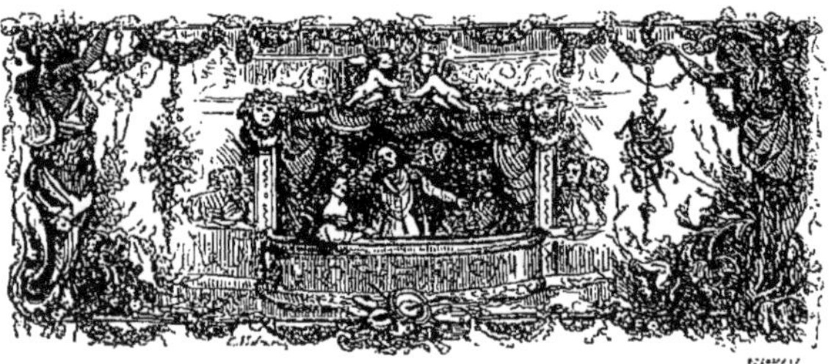

doriques dont deux licteurs peuplaient mal la solitude ne répondaient plus aux besoins de l'heure. La mise en scène, le décor, le costume, s'enrichissaient et s'animaient sous le souffle romantique. Bientôt *Robert le Diable* (1831), *la Juive* allaient déployer des prestiges, une magnificence dont la nouveauté émerveilla et la Taglioni, en 1832, dans le ballet de *la Sylphide*, devait faire applaudir un art plastique rénové.

Costumiers et décorateurs ou ballerines ne travaillaient pas seuls à cette évolution. Pour la *Dame Blanche*, Boieldieu, en 1826, avait emprunté à Walter Scott une histoire mêlée de fantastique. Rossini, dans *Guillaume*

*Tell*, en 1829, faisait applaudir le thème populaire du ranz des vaches. Halévy, Meyerbeer allaient, tout au moins, donner l'illusion de l'ampleur, de la puissance colorée et du pittoresque.

L'ouverture des concerts du Conservatoire par Habeneck, en 1828, permit aux amateurs de s'initier au culte de Beethoven. Vers la fin de 1830, Berlioz fit exécuter la *Symphonie fantastique*. Enthousiasmes, colères, il transporta, dans le domaine de la musique, l'agitation qui régnait autour de la peinture et de la poésie et se trouva représentatif comme l'étaient Victor Hugo et Delacroix.

La révolution venait d'éclater. Elle suscita une généreuse exaltation et de grands espoirs. Il semblait que la France, humiliée sous la Restauration, allait renaître. *La Liberté guidant le peuple*, de Delacroix, traduisit cet élan. S'il s'était soutenu, l'orientation de l'art en aurait été profondément modifiée. Réconciliés avec leur temps, retrempés par le sentiment civique, les artistes auraient oublié leurs rêveries et leurs fièvres et retrouvé le sens de la réalité. La Monarchie de Juillet dissipa presque aussitôt les illusions qu'avaient suscitées les barricades. Les artistes rentrèrent dans le silence de leurs ateliers.

Pourtant, le nouveau régime ouvrit aux esprits combatifs un champ inattendu d'activité. La caricature politique surgit avec une violence, une âpreté, mais aussi avec un éclat artistique inouïs. Decamps, Raffet, Grandville firent cortège à Daumier et, lorsque les lois de septembre 1834 coupèrent court à leurs sarcasmes contre Louis-Philippe, la verve satirique s'attaqua aux mœurs, Gavarni prodigua sans l'épuiser son étincelant esprit.

C'est vers ce moment aussi que l'école de David

parut définitivement épuisée. Le suicide de Gros, désespéré de l'accueil qui lui avait été fait au Salon de 1835, peut être tenu pour un geste symbolique. Cela n'empêcha pas, bien entendu, les Davidiens de continuer à occuper l'enseignement et l'Institut et de multiplier, en particulier, pour la décoration des monuments et des églises de Paris, des pages démesurées, correctes et exsangues. Il leur serait pardonné en faveur de leur application et de leur conviction, s'ils n'avaient prétendu étouffer l'art vivant par des persécutions véritables. Sous la Restauration, les novateurs avaient eu toute liberté pour se produire. L'Institut, maître des jurys des Salons, se livra, pendant tout le cours de la Monarchie de Juillet, à des proscriptions dont furent, à leur heure, victimes Delacroix, Decamps, Chassériau et surtout les paysagistes. Procédés odieux et inefficaces sur des âmes bien trempées.

Delacroix est alors dans sa plénitude. A lui seul, il suffirait à magnifier la période où, parmi tant d'autres pages mémorables, il livre successivement à notre admiration *les Femmes d'Alger*, en 1834, *Saint Sébastien* en 1836, *Médée* et *Taillebourg* en 1838, *Trajan* et *le Naufrage de Don Juan* en 1840, *les Croisés à Constantinople* en 1841 et *Marc-Aurèle* en 1845. Avec une pareille continuité, Decamps élabore des pages précieuses. Chassériau, enfant prodige, élevé dans l'atelier d'Ingres, demande aux Romantiques de l'aider à traduire ses aspirations raffinées et complexes. Chevreul, dans des leçons célèbres sur la théorie des couleurs, justifie les intuitions techniques de Delacroix et dégage des lois qui autoriseront des audaces nouvelles.

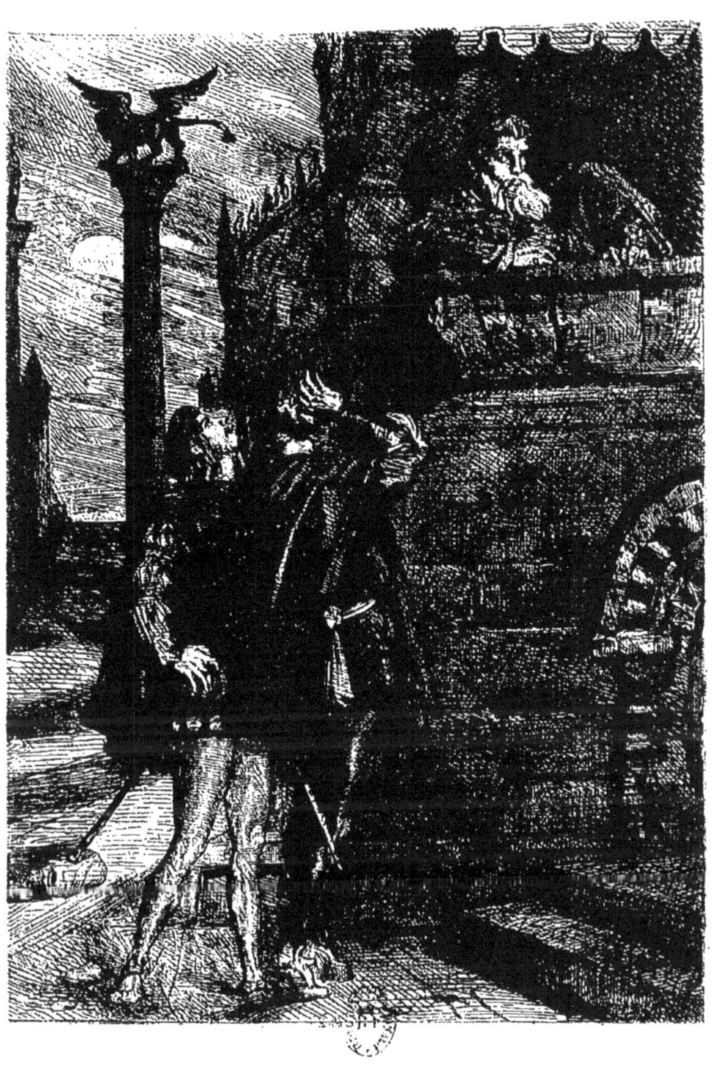

La révolution s'est partout étendue. Le paysage est en effervescence. Paul Huet, Dupré, Théodore Rousseau, Daubigny, Corot, pléiade imposante, proposent, chacun, une manière différente de sentir et de représenter les spectacles naturels.

*Le Mercure* de Rude avait, au Salon de 1827, annoncé, avec une autorité sobre, un rajeunissement de la sculpture. La sculpture paraît, à son tour, travaillée par une agitation fébrile. Maindron, Antonin Moine, Duseigneur, Étex et surtout Préault veulent pétrir dans la glaise des poèmes et des drames. David d'Angers modèle les statues, les bustes et les médaillons de ses plus illustres contemporains et sculpte le fronton du Panthéon en 1837. Rude, au flanc de l'Arc de Triomphe de l'Étoile en 1836, célèbre, avec une grandeur épique, *le Départ* des armées révolutionnaires, et Barye surprend la vie féroce des fauves.

Le goût des images s'est répandu. La lithographie y prête son concours. Les éditeurs publient des pages isolées et aussi des albums que signent Eugène Lami ou Achille Devéria. L'eau forte vient offrir ses services. Quand Paul Huet grave *les sources de Royat*, en 1838, Gustave Planche consacre à l'œuvre un article dans *la Revue des Deux Mondes*.

Et voici le livre envahi par l'illustration. Tandis que se poursuit la monumentale publication des *Voyages pittoresques et romantiques dans l'ancienne France*, enrichie de lithographies dont les plus belles sont signées par Bonington et Isabey, tandis que la revue *l'Artiste* publie lithographies et eaux-fortes, des ouvrages de tout ordre se parent de frontispices, d'images hors-texte, lithographies, gravures à l'eau forte, gravures sur acier. Dans le texte, le bois, grâce au concours d'impeccables praticiens, permet d'insérer des vignettes d'une parfaite convenance typographique. *Le Roi de Bohême et ses sept Châteaux,* illustré par Tony Johannot en 1830, *Gil Blas,* commenté avec profusion par Jean Gigoux, en 1835, et, plus près de nous *les Contes rémois* transformés en joyaux par Meissonier, en 1858, dominent cette floraison. Elle ne s'adresse pas seulement à un public restreint d'amateurs. *Le Magasin pittoresque* fait participer largement l'image à son effort de vulgarisation encyclopédique.

Que l'on regarde le mobilier, l'installation privée, qu'on examine les costumes, et jusqu'aux coiffures, partout de profondes modifications et, en toutes choses, un souci, heureux ou maladroit, d'art. Les collectionneurs qui rassemblent et remettent en lumière les merveilles du passé, suscitent un engouement que vient consacrer, en 1843, l'installation, dans l'Hôtel de Cluny restauré, des richesses que le baron du Sommerard aimait auparavant à montrer chez lui. Le choix d'un gilet, la coupe des cheveux, le port de la barbe sont objets de méditations esthétiques ou prennent la valeur d'un manifeste. Les élégants et les lorettes qui vont, en travesti, au bal de l'Opéra, la jeunesse débraillée qui

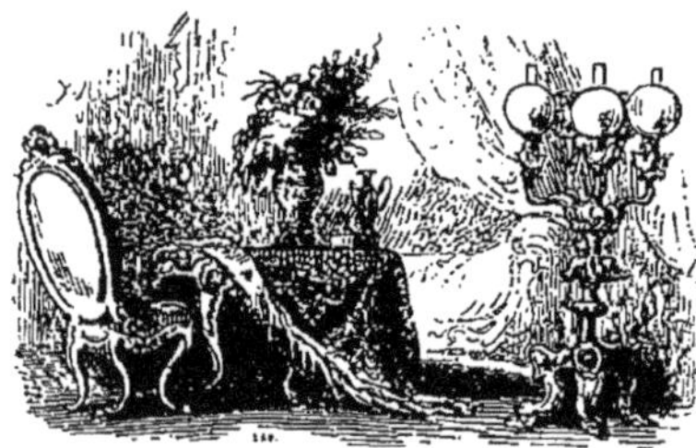

se plaît au tapage ordonné par Chicard, obéissent, à leur insu, à l'impulsion donnée par la duchesse de Berry et par Alexandre Dumas. Parures imprévues, fantaisies archéologiques plus ou moins invraisemblables, surprises plastiques, bariolage et clinquant, ajoutent à la danse et à la musique, une fête mouvante pour l'œil.

Enfin, l'architecture elle-même, l'art le plus immobile et, aussi, le plus rebelle à l'esprit romantique, l'architecture se laisse entamer. La Maison dorée, en 1837, se couvre d'une floraison décorative luxuriante. En 1846, pour la première fois, s'érige, à Paris, une église qui n'est plus un temple grec ni une basilique, et Sainte-Clotilde est un pastiche gothique.

Tout le mouvement que je viens d'évoquer est-il de bon aloi, tout y est-il romantique? Sans doute l'analyse permet d'y distinguer beaucoup d'alliage douteux à côté du pur métal; mais les parodies, les contrefaçons, les compromis ne se seraient pas produits si un ferment actif n'avait pas travaillé l'époque, et les contemporains, scandalisés ou ravis, n'avaient pas tort d'y reconnaître partout du Romantisme.

Envahissement général? Oui, certes. Pourtant, au moment même où nous le voyons tout marquer de son signe, le Romantisme, en réalité, est profondément miné et en voie de régression rapide. Ainsi un fleuve débordé, à l'heure où il submerge toute une contrée et paraît en avoir pris possession définitive, a déjà dépouillé sa violence et est sur le point de rentrer dans son lit.

Dès le lendemain des premières batailles, il est apparu que le Romantisme rencontrait, dans l'esprit public, des résistances dont il ne saurait triompher. Je ne fais pas état ici de la surprise que provoquèrent les œuvres romantiques; toute forme d'art nouvelle demande une éducation plus ou moins longue avant d'être comprise. Il est aussi évident que les excentricités dont s'accompagna le Romantisme naissant ne pouvaient être que de passagères curiosités. Mais l'essence même du Romantisme répugnait à l'esprit français.

Les traditions de clarté, d'ordre, de logique, le besoin d'analyse, la prééminence de la raison, tout était, en France, contraire à une esthétique qui exaltait le sentiment et la passion et sollicitait les forces intimes de l'âme au lieu de réclamer une adhésion réfléchie.

Les succès des Romantiques n'ont jamais été très étendus; ils n'ont jamais été complets et ils ont été d'autant plus contestés que les œuvres étaient plus caractérisées. L'atmosphère générale leur a été, d'année en année, moins favorable. Les préoccupations prosaïques de la Monarchie de Juillet, le règne d'une classe qui travaillait à s'enrichir et visait aux satisfactions immédiates, ne favorisaient pas les grandes envolées. La prospérité matérielle, d'ailleurs, atténuait le mal du siècle. Puis, quand de nouvelles passions s'emparèrent des esprits, tendances sociales, humanitaires, revendications politiques portèrent à l'action, fixèrent les regards sur la réalité présente et préparèrent, pour les arts, un nouvel idéal.

Aussi, dès 1834 ou 1835, une réaction et une régression commencèrent-elles à se manifester, qui s'accentuèrent dans les années suivantes. Il suffit, pour en avoir le sentiment, de feuilleter les volumes de *l'Artiste*. Au début, on y respire l'allégresse, la confiance, les grands espoirs; l'illustration est étudiée pour un public d'élite. Puis cette ardeur tombe, les planches ont moins de tenue. Enfin *l'Artiste,* après multiples hésitations, abandonne le combat et, sous la direction d'Arsène Houssaye, il n'est plus qu'une revue mondaine et littéraire. Les feuilletons de Théophile Gautier, de leur côté, si l'amour de l'art y éclate toujours en pages étincelantes, ne laissent pas, à mesure que les années s'écoulent, de marquer quelque lassitude. Il ne reniera jamais les enthousiasmes de la jeunesse, mais ils se font moins exclusifs et il s'abandonne à des indulgences dont la Jeune France aurait rougi.

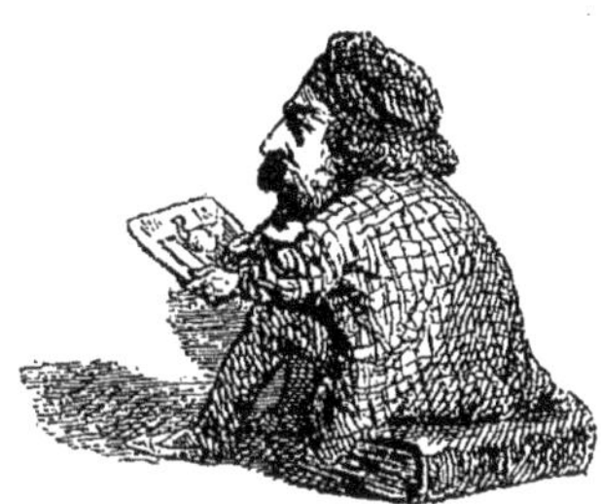

Signe grave : des défections se produisent parmi les artistes. Louis Boulanger, sur lequel Hugo fondait tant d'espérances, Boulanger, dont le zèle s'était porté à des extravagances véritables, s'effondre en une peinture veule et fade. Eugène Devéria, accablé sous le poids de sa gloire précoce, malgré quelques retours heureux, s'éclipse à son tour. Ary Scheffer renie les truculences de *Gaston de Foix* et s'épanche en de blafardes et philosophiques abstractions.

D'autres courtisent le succès et, pour plaire, amenuisent leurs effets, maniérisent, font un Romantisme édulcoré. Champmartin s'enlise dans le portrait mondain. Roqueplan enveloppe de blandices *le Lion amoureux*, 1836. Baron peint une Italie de romance. D'aucuns essayent de retrouver les grâces de ce XVIIIe siècle naguère tant décrié. Achille Devéria, Célestin Nanteuil, tombés de haut, signent des lithographies trop faciles.

La foule leur préfère des gens habiles qui, sans l'embarrasser par des originalités techniques, lui offrent, en un langage tout uni, des images anecdotiques ou dramatiques; Paul Delaroche l'enchante avec *Jane Grey* ou *Strafford,* 1837. Horace Vernet est son grand favori, qu'il travestisse la Bible ou peigne *la Smalah,* 1845.

Avatars, défaillances d'artistes désorientés, ignorance du public sont, certes, déplorables, mais voici un phénomène plus grave. A partir de 1840, l'instinct classique comprimé ou violenté reprend sa vigueur et réclame sa revanche : l'opinion générale appelle une réaction; la jeunesse se détourne du Romantisme. Tandis que Laprade publie *Psyché,* 1841, que l'on acclame *la Lucrèce* de Ponsard, 1843, que Victor Hugo subit un échec mémorable avec *les Burgraves,* Ingres apparaît, tout à coup, comme le maître de l'heure. Il rentrait d'Italie où, directeur de l'École de Rome, il avait exercé, sur les élèves, un ascendant extraordinaire et venait de peindre *la Stratonice* qui fut couverte d'éloges hyperboliques. On l'acclame comme un sauveur et il accepte, avec simplicité, la mission de défendre la cause sacrée de l'art. Il avait bien oublié ses libres velléités d'autrefois; avec une autorité tranchante, étroite, il proclame le culte du beau, fulmine contre de funestes écarts. Ses disciples directs sont peu nombreux, mais, de toutes parts, reparaissent les compositions sages et les toiles décolorées. Des paysagistes néo-classiques évoquent, de nouveau, l'antiquité et songent à Poussin. L'aspect général des

Salons se transforme. La couleur, le mouvement, la vie en ont disparu. Les pages romantiques, que le jury n'a pas évincées, y sont mal à l'aise. Un aspect gris de sagesse a tout envahi. Un Anglais, au seuil du Salon

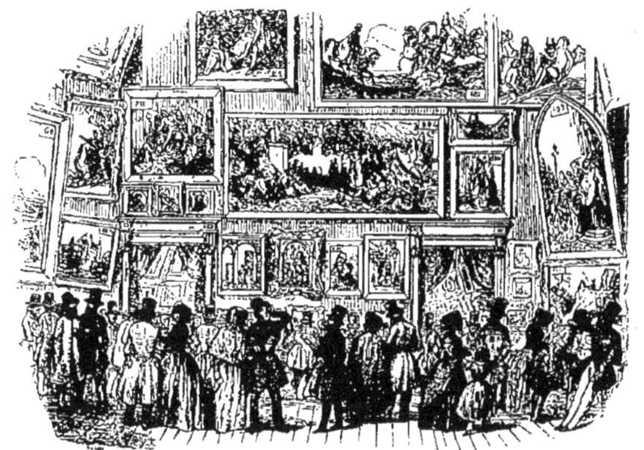

de 1846, a eu l'impression d'entrer dans un bain de glace. Les artistes nouveaux qui entrent en lice, ceux sur lesquels se fondent des espoirs, c'est Simart qui a sculpté *Oreste,* en 1840; Gleyre, auteur des *Illusions perdues,* 1843; Gérôme avec le *Combat de coqs,* et Jalabert avec *Virgile,* 1847. Près d'eux, Couture apparaît vivant et inspiré avec les prestiges calculés des *Romains de la Décadence.*

Période de désarroi. Le temps des convictions belliqueuses, des affirmations hyperboliques, des négations sommaires est passé. Les plus sensibles, devenus sceptiques ou indifférents, acceptent les nouveautés remarquables, de quelle doctrine qu'elles se réclament. Ils prêchent l'éclectisme et les faits semblent leur donner raison. Si nous interrogeons la peinture monumentale, alors en pleine éclosion après une éclipse qui a duré une cinquantaine d'années, de Louis XVI à 1830, devra-t-on, parce que l'on est empoigné par le génie de Delacroix au Salon du Roi, 1833, à la Bibliothèque du Palais-Bourbon, 1843, ou au Luxembourg, 1847, se refuser à respecter l'effort d'Orsel et de Périn, depuis 1832, à Notre-Dame-de-Lorette, méconnaître la noble gravité d'Hippolyte Flandrin à Saint-Séverin, 1841, à Saint-Germain-des-Prés, à partir de 1842? Condamnera-t-on d'un jugement sommaire, bien que d'un ordre inférieur, l'hémicycle de l'École des Beaux-Arts décoré, en 1843, par Paul Delaroche? Ne suivra-t-on pas, sans angoisse, la gestation de *l'Age d'or*, par Ingres, à Dampierre, à partir de 1843, et pourra-t-on, d'un œil indifférent, examiner l'incomparable décoration de Chassériau à la Cour des Comptes, décoration destinée, on le sait, à une si prompte et lamentable disparition?

Période de lassitude. Tous les ans apportent, sans doute, des œuvres dignes d'admiration. Plusieurs sont égales ou supérieures à celles qu'ont vu apparaître les années antérieures; mais les qualités qui les recommandent, les défauts qui les déparent sont précisément les mêmes sur lesquels on s'est disputé à satiété. Peu à peu un malaise se déclare, et une impression de piétinement grandit : on attend l'homme, l'idée ou l'œuvre capables de ranimer les énergies, d'infuser une âme nouvelle dans l'art languissant.

Or, à ce moment même, toute une série de faits se succèdent, dont les contemporains ne peuvent deviner

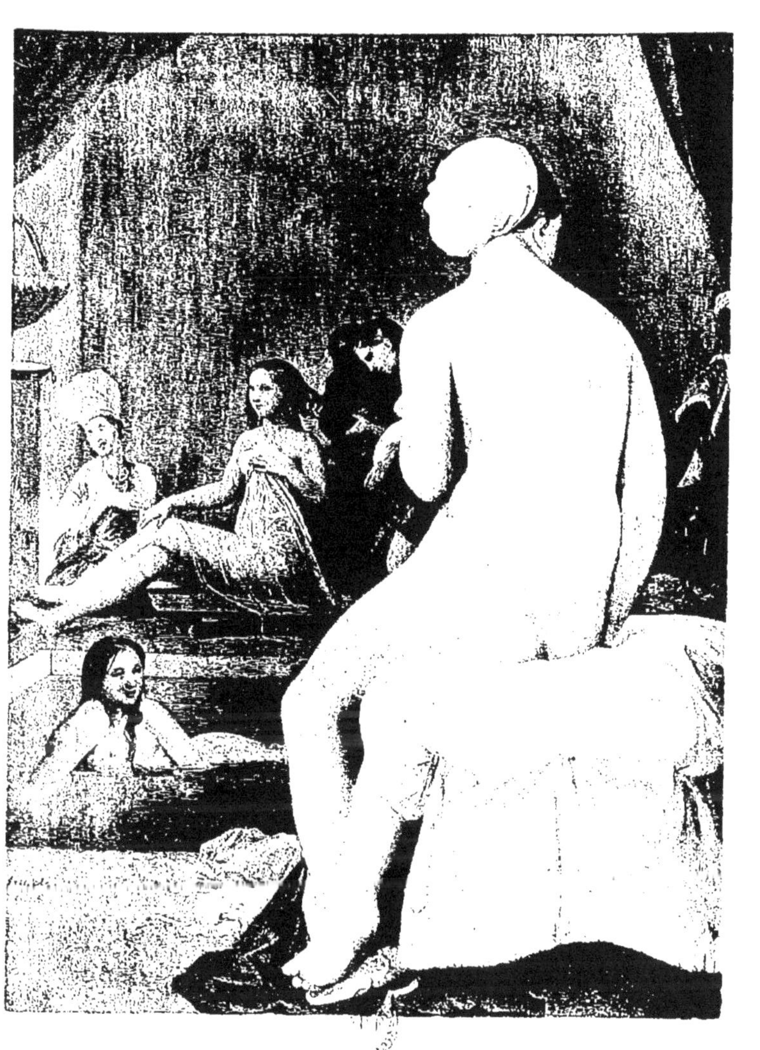

l'importance, et qui, pour nous, sont les signes précurseurs de cette foi nouvelle dont ils attendent la révélation. Charlet et Raffet n'ont cessé, dans leurs lithographies, de s'inspirer de la réalité. A plusieurs reprises, des œuvres ont paru aux Salons où se retrouvait quelque chose de la poésie du réel célébrée par Géricault, ainsi *le Dragon blessé,* par Odier, 1833, *l'Épisode de la retraite de Russie,* par Boissard, 1835, *les Forgerons de la Corrèze,* par Jeanron, en 1836. Meissonier, depuis *les Liseurs,* 1840, a intéressé le public à une minutieuse exactitude. L'ouverture, en 1838, au Louvre, d'un Musée espagnol, qui disparut après 1848, impose l'exemple de maîtres pénétrés d'un sentiment naturaliste intense. En 1839, est inventé le daguerréotype. De nos jours, la photographie, par sa perfection mécanique, a dégoûté les artistes de la vérité littérale. Dans son enfance, au contraire, elle ramena l'attention sur les spectacles immédiats. En même temps, Balzac, Stendhal, George Sand analysent la vie contemporaine; Eugène Sue mêle à ses romans populaires des déclamations sociales. L'inspiration poétique se fait familière : Brizeux décrit *les Bretons,* 1843, et Victor Hugo, lui-même, dit *les Chansons des rues et des bois.*

Ainsi, par un travail obscur et multiple, le Réalisme s'est insinué. Il ne paraît, d'abord, réclamer qu'une petite place; bientôt il affirmera qu'il détient seul la vérité et qu'il lui appartient de régénérer les arts. Dans les derniers Salons de la Monarchie de Juillet, deux jeunes peintres débutent modestement; nul ne devine la force qu'ils recèlent; cette force, ils n'en ont pas pris encore conscience eux-mêmes. Vienne la Révolution de 1848, et Courbet et Millet, au milieu de l'effervescence universelle, découvriront leur propre génie; ils proclameront avec fracas la foi autour de laquelle se livreront les grandes batailles de l'art. Sans doute quelques artistes demeureront, dont l'âme est pétrie de Romantisme : ni Delacroix, ni Berlioz, ni Préault n'abdiqueront; ils ne seront ni oubliés ni méprisés; la jeunesse continuera à les invoquer; ils auront, peut-être, plus d'influence que jamais et le rayonnement du Romantisme ne cessera de se produire. Mais cette action prendra, désormais, un nouveau caractère : elle aura quelque chose d'apaisé et, si l'on peut dire, d'historique. Avec 1848 une période s'ouvre pour les arts : les temps romantiques sont révolus.

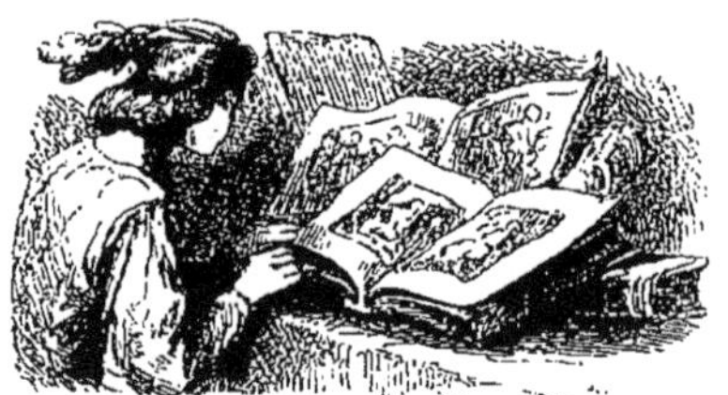

# L'Inspiration romantique

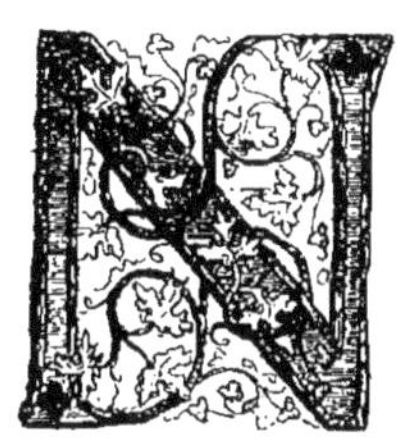

Ne faut-il reconnaître, dans le mouvement que nous venons d'esquisser, qu'un accès violent de fièvre? lui appartient-il autre chose que des exagérations ou des déformations? n'a-t-il eu, sur les artistes, qu'une influence extérieure et, à tout prendre, regrettable? Faut-il défendre Eugène Delacroix d'avoir été romantique ou déplorer que Berlioz ait été entaché de Romantisme? Dira-t-on, encore, qu'il s'est marqué par la prédilection pour le bibelot et la pacotille, par un goût effréné de l'anecdote, par le choix de sujets empruntés au roman ou à l'histoire et qu'il était aisé de transformer en tableaux vivants? Mais ces sujets répondaient précisément aux désirs du moment et, si le Romantisme s'était borné à illustrer les livres ou les récits historiques à la mode, comment expliquerait-on qu'il ait rencontré tant de résistance? S'il n'avait été que tics et travers, provoquerait-il encore tant d'enthousiasmes, déchaînerait-il des colères après un siècle écoulé?

Le Romantisme, en réalité, a été un mouvement général des esprits. Il s'est, nous l'avons remarqué au seuil de cet ouvrage, manifesté dans tous les ordres de la pensée et de l'activité humaines; il a marqué les arts d'une empreinte profonde. Les œuvres qu'il a imprégnées sont liées entre elles, non par des analogies superficielles, mais par une parenté intime. Elles ont été conçues selon une norme semblable; elles ont été mises au jour d'après des méthodes pareilles. Cette norme, ces méthodes, je vais essayer de les dégager.

Un Romantique est, par excellence, un être sensible. La logique, les idées pures ont peu d'action sur lui. Savant, il procède par intuition; homme d'État, il agit selon des impulsions généreuses ou chimériques; écrivain, poète, sa pensée s'épanouit en images. L'artiste, à plus forte raison, ne s'embarrassera pas d'abstractions : il est un voyant.

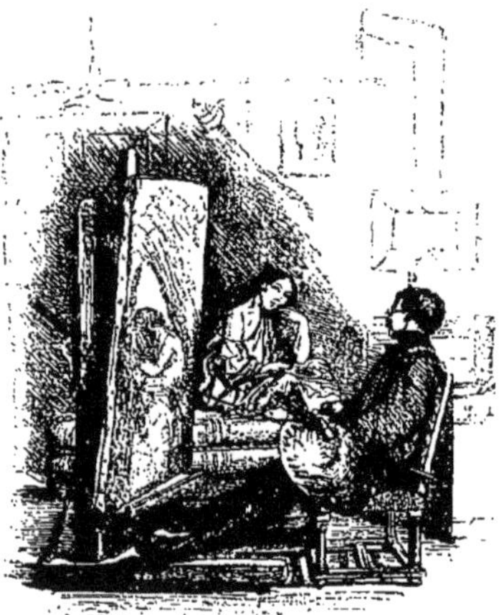

Que d'autres essayent, à travers la diversité des hommes, de dégager un type parfait et de réaliser, par épuration, un Beau idéal, il voit, lui, des créatures animées, toutes différentes, toutes attachantes par quelque côté. Il sympathise avec certaines figures, mais ses prédilections ne sont pas exclusives, sujettes, d'ailleurs, à changer, et il ne craint rien tant que la monotonie. Nez busqués, nez camus, nez retroussés, personnages sveltes ou trapus, Hindous, Nègres, Peaux-Rouges ou Chinois l'arrêtent tour à tour. Un aspect imprévu le séduit; les visages irréguliers, les difformités, les altérations de la maladie et de l'âge peuvent avoir leur intérêt, et on l'accuse de chérir la laideur parce qu'il recherche, avant tout, le caractère. La nature lui offre la diversité infinie des individus : nulle part il ne rencontre l'Apollon du Belvédère. Mais si, par miracle, l'Apollon venait à surgir devant lui, il ne lui présenterait pas une attitude figée et éternelle : à chaque instant il se renouvellerait; il serait perpétuellement différent de lui-même par le miracle de la vie. Cette vie, que le Classique ignore, contre laquelle, du moins, il ne cesse de lutter, le Romantique l'observe avec délices : elle est la source de toute beauté. Les lignes, les volumes que le Classique prétend équilibrer selon une aveugle géométrie, manifestent, en réalité, le jeu sacré des forces internes : les chairs palpitent, le sang circule, les muscles se tendent. L'homme est une magnifique machine : ses formes ne sont pas calligraphie abstraite, elles expriment les ressorts de la vie physiologique. Surprendre la vie, noter le mouvement avant qu'il s'achève, observer les minutes brèves où, sous l'influence des passions, sous la pression de circonstances dramatiques, la vie s'exaspère, éviter ce qui se prétend permanent et est mort, pour célébrer ce qui est transitoire, fugitif, c'est la joie de l'artiste.

Un modèle, dans l'atelier, s'enveloppe d'une draperie indifférente, aux plis plus ou moins harmonieux. Sous tous les climats, l'homme se revêt et se pare selon ses besoins, selon ses goûts; son costume reflète sa personnalité, participe à son agitation, à son existence même.

L'homme, enfin, ne règne pas, isolé, parmi le silence des choses. La vie l'entoure de toute part. Les animaux courent, volent ou rampent, mus, comme lui, par un système subtil de forces. Entre eux et lui, il est des affinités sensibles; moins complexes dans leur essence, ils offrent, au regard, des spectacles avec lesquels il ne saurait rivaliser. Et la nature n'est pas une architecture vide, un décor, une toile de fond. Les êtres y pullulent, proches de nous, élémentaires, visibles ou invisibles, et les choses mêmes y sont travaillées par un incessant devenir. Les paysages les plus immobiles se modifient à tout instant : le vent agite les feuilles, les oiseaux chantent, la lumière varie sans cesse. Émerveillement toujours neuf et sans fin. Formée de toutes ces existences qui circulent en elle, la Nature même semble vivante. Panthéisme? L'artiste ne s'embarrasse pas de philosophie. Il sait, seulement, que, dans les bois, au bord de la mer, dans la montagne, son cœur se dilate, sa pensée s'exalte; s'il est tourmenté, son inquiétude s'apaise. Il remercie la Nature de cette action bienfaisante; plus heureux que les poètes révoltés de la sentir indifférente à leurs amours, il la salue maternelle et consolatrice.

Si large, si universelle, toutefois, que soit sa sympathie, l'artiste romantique, en réalité, à travers toutes choses, se cherche et se chérit lui-même. Sa curiosité est avide parce que son âme a un besoin inextinguible d'aliments; jamais il ne regarde avec sang-froid et pour le plaisir de connaître, jamais il ne s'oublie. Ne lui

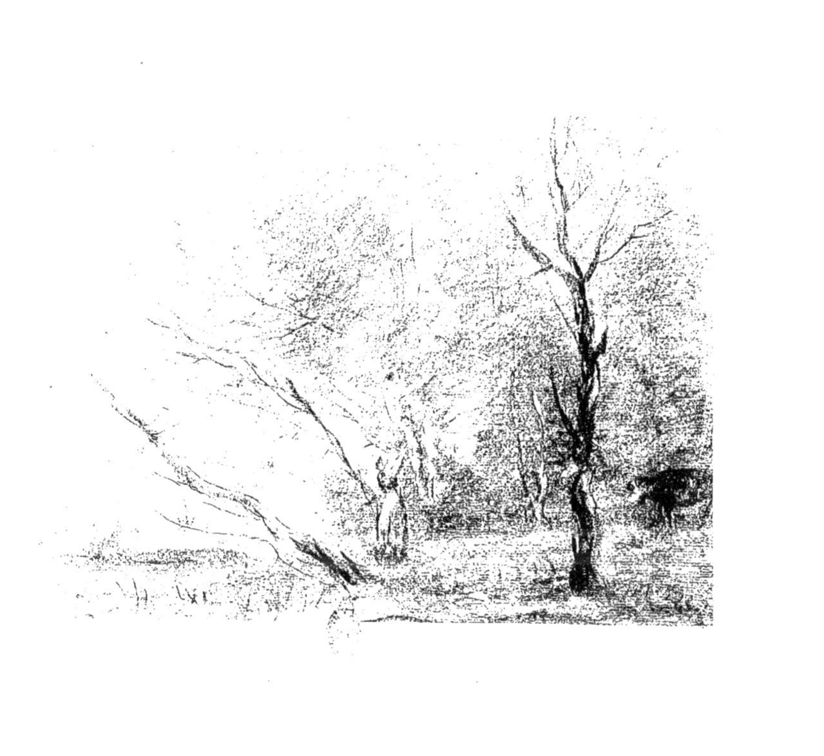

demandez pas un témoignage scientifique. Il aime la vérité et veut être sincère, mais il déforme tout selon son prisme, avec une ardeur lyrique.

Est-il un de ces génies rares, supérieurs non par une aptitude déterminée mais par un ensemble de qualités exceptionnelles, capables, plus que l'humanité médiocre, de penser, de vibrer, de souffrir; s'appelle-t-il Delacroix, Berlioz, Théodore Rousseau, il apporte, dans son œuvre, une passion fervente, un besoin de dramatiser et, dans les premières années du Romantisme, des dispositions sombres, qui se calmeront, par la suite, sans qu'il aille jamais jusqu'à l'allégresse. N'est-il qu'un ouvrier puissant, admirable seulement par son art, tels Decamps ou Barye, alors la complexité de ses modes d'expression, la surcharge parfois, la subtilité des indications attesteront qu'il appartient à une génération tourmentée.

Delacroix, avant d'entreprendre un tableau, se documente avec soin, mais, quand il peint, il ne peut souffrir la présence du modèle qui refroidirait son imagination. Alfred de Musset se moque des descriptions de l'Orient d'autant plus chaudes et colorées que l'artiste n'est pas embarrassé par la confrontation avec la réalité. Il touche du doigt un des paradoxes du Romantique qui s'attache à tout, mais à qui tout est prétexte pour se conter lui-même.

Un paradoxe plus surprenant est la répulsion que lui inspire l'époque à laquelle il appartient. Les artistes dont il se réclame, Flamands ou Vénitiens, Véronèse et Rubens, ont magnifié les hommes et les choses qui les entouraient; non seulement ils y ont pris plaisir, mais ils ont tout rapporté à cette beauté qu'ils respiraient : allégories, histoire, religion leur sont apparues dans l'ambiance qui leur était chère. Le Romantique se sent mal à l'aise dans son siècle : la vie présente est plate, les monuments sont laids, les costumes informes. La foule a des appétits et des jouissances vulgaires. L'artiste est isolé parce que différent, isolé, incompris. Ce sentiment déplorable a régné chez lui dès les premiers jours; il n'a été, d'abord, qu'une boutade d'orgueil; les sarcasmes, les persécutions ne l'ont, par la suite, que trop fortifié.

Il aspire donc à s'évader, car, par un hasard unique, il est précisément né dans le milieu le plus hostile; tout autre ciel, toute autre époque auraient favorisé son génie.

Les paysagistes romantiques n'ont-ils pas, pourtant, délaissé l'Italie pour planter leurs chevalets en France? Rien de plus exact, mais l'Italie leur était interdite pour avoir été trop préconisée par les Classiques, et, par ailleurs, de la terre natale, ils n'ont, pendant longtemps, voulu connaître que les aspects qui n'avaient pas été déshonorés par l'action de l'homme. Ils ont fui les villes modernes, les villages, les plaines cultivées, les sites agrestes. L'âpre grandeur de la montagne, les colères de la mer les ont ravis et ils se sont emparés de Fontainebleau parce qu'à quinze lieues de Paris, ils croyaient y retrouver la majesté de la nature vierge.

Pour le reste, il est peu de choses qu'ils n'aient tentées et l'on citerait difficilement une autre époque où l'inspiration ait été cherchée d'une façon plus diverse ou, si l'on veut, plus dispersée.

La Révolution avait arrêté tout art religieux. Lorsque,

avec Napoléon, un retour des esprits se fait vers le christianisme, l'art formel de David ne se prête à cette évolution qu'avec répugnance. Peints ou sculptés, le Christ et les Saints gardent trop présent le souvenir d'Apollon et d'Antinoüs.

Les Romantiques n'ont pas, pour la plupart, une foi très vive, mais ils ne sont plus voltairiens et ont, tout au moins, une piété de bienséance. Ils ne sont pas de grands théologiens, ils pourront manquer d'ampleur et de puissance, mais leur sensibilité exaltée devinera quelque chose des mystères; elle les incitera surtout à traduire les côtés humains du drame sacré. Ils ne traitent pas seulement la religion avec convenance, ils l'interprètent avec les nuances nouvelles. Entre leurs mains c'est bien un art vivant. *Le Christ aux outrages,* de Decamps, *le Christ en croix,* de Préault, *le Requiem,* de Berlioz, les toiles religieuses de Delacroix comptent parmi les plus valables pages de leurs auteurs. Art orthodoxe? On en peut parfois douter. *Le Christ au Jardin des olives* de Delacroix, malgré le chœur des anges consolateurs, semble abîmé dans la désespérance qu'Alfred de Vigny a chantée. D'aucuns ont appelé la pitié sur *Caïn maudit,* tel Étex, ou célébré, tel Feuchère, la grandeur de *Satan!* Un digne artiste, Robert Fleury, a consacré une partie de son œuvre à raconter, pour les flétrir, les persécutions religieuses.

L'engouement que le XIX^e siècle a manifesté pour l'histoire a eu des causes générales profondes; ce n'est pas ici le lieu de les analyser. La forme que l'histoire a revêtue est, au plus haut degré, romantique. Pour Chateaubriand, pour Michaud, Augustin Thierry, Barante, même pour Guizot, elle est, selon la formule de Michelet, qui en a eu le sentiment plus que tout autre, une résurrection. C'est sous cet aspect qu'elle a, à un moment, tout envahi, littérature, théâtre, bals publics, et que Louis-Philippe lui a consacré les galeries de Versailles. Les artistes romantiques, quand ils ont transporté dans le passé cet amour de la vie que le présent ne satisfaisait pas pour eux, ont participé à un mouvement quasi universel. Ils étaient, on peut le dire, attendus. Avant eux, le style troubadour avait mis à la mode les costumes, les armures, les châteaux forts et les bannières. Il fallait à ces images communiquer une âme : ils s'y sont employés. Il est aisé, aujourd'hui, de se moquer de la manie du bric-à-brac, des oripeaux, de la friperie romantiques, de plaisanter quelques travers, le choix de certains airs de tête, de coupes de cheveux et de barbe où se serait incarné le génie de Venise ou du Moyen Age. Peut-on, quand il a été tiré, juger, sur sa carcasse, un feu d'artifice? Cette profusion, qui nous fait sourire, était alors dans toute sa nouveauté, d'autant

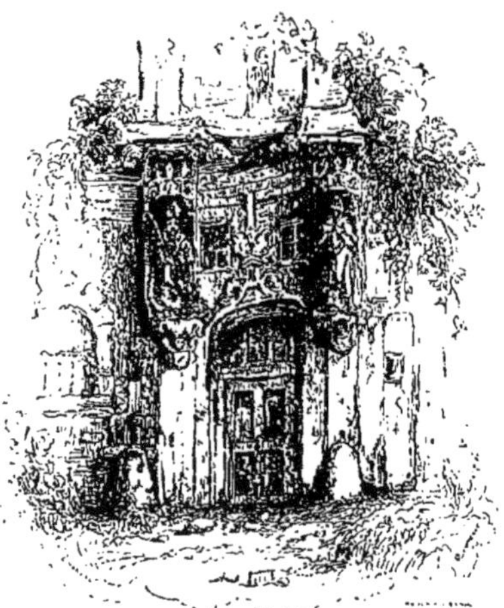

plus séduisante qu'elle succédait au vide des décors classiques. Il s'y glissait des confusions et des erreurs; sans doute, mais tout n'y était pas faux; les artistes cherchaient, avec bonne foi, des documents; les probes et minutieuses notes dessinées par Delacroix en portent témoignage; et, d'ailleurs, ils n'étaient pas des archéologues. A travers le chatoiement de formes et de couleurs qui réjouissait leurs yeux, ils s'efforçaient d'entrer en communion directe avec des êtres humains auxquels ils prêtaient, par opposition à leur siècle étriqué, des vitalités intenses. Pour les comprendre, il faut relire la page célèbre où Michelet a rapporté quelles émotions le soulevaient dans ce Musée des Monuments français trop tôt dispersé, demander à Augustin Thierry avec quelle fièvre, adolescent, il déclamait *les Martyrs* et ne pas oublier, non plus, l'idée que Stendhal, avant Taine, se formait des énergies italiennes. La puissance d'évocation de Delacroix est trop évidente pour qu'il soit nécessaire d'y insister; tout détail, tout accessoire, loin d'être parasite, concourt chez lui à donner l'évidence de la vie. Il assiste vraiment aux drames qu'il évoque : les Croisés, devant nous, tiennent à merci Constantinople; on s'égorge sur le pont de Taillebourg, on se bat dans la boue autour de Nancy. Mais ce que Delacroix réalise, les autres tout au moins y tendent et, dans les pires élucubrations de Louis Boulanger, sous la truculente mise en scène de *la Saint-Barthélemy,* il a le désir d'inspirer la terreur et la pitié.

En quelques années, toute l'histoire de France est passée en revue. Au début, la vogue est au Moyen Age et à la Renaissance; on ne va guère au delà du XVIe siècle sauf, par flatterie politique, pour Henri IV. Puis, la Monarchie de Juillet, non sans imprudence, met à l'ordre du jour les souvenirs de la Révolution et de l'Empire, et l'on revient même à ce XVIII^e siècle naguère si méprisé. La curiosité déborde la France, et l'histoire anglaise, en particulier, par suite des livres et de la politique de Guizot, est en faveur.

Même au moment des pires violences contre les Classiques, alors qu'ils se croyaient saturés des Grecs et des Romains, les Romantiques n'avaient pas absolument écarté l'antiquité. Sigalon exposait une *Locuste* en 1824. Bientôt un penchant irrésistible y ramena les esprits. Decamps peint *la Défaite des Cimbres,* en 1834; Gigoux une *Cléopâtre,* 1837; Delacroix, *Médée, Cléopâtre, Trajan, Marc-Aurèle.* Mais l'antique n'est plus un ordre à part, placé hors des contingences, dans l'absolu. Il se range parmi les périodes historiques et il rentre dans l'humanité. Devant l'arc de triomphe qu'il vient de franchir, sous le soleil ardent, parmi les fanfares, Trajan s'avance sur un cheval nerveux, et la femme qui jette à ses pieds son enfant mort, en troublant le cortège, provoque un désordre où les trompettes, les étendards, les costumes s'agitent dans un poudroiement d'or.

L'imagination de l'artiste sera-t-elle plus rebelle, parce qu'au lieu de lire un ouvrage d'histoire, un romancier ou un poète lui proposeront des héros imaginaires? Les couleurs dont l'Arioste, Dante, Shakespeare, Byron, Walter Scott ou Gœthe les auront revêtus sont plus accentuées. La vie, dont leur génie les a doués, est la seule qui importe au Romantique. Hamlet, Don Juan, Roland furieux prennent la même évidence charnelle que saint Louis ou Gaston de Foix. Du point de vue de l'art, les deux groupes ne se distinguent pas. Quant au choix des lectures, elles ne sont l'effet ni du hasard ni de caprices personnels; elles ont été, il est aisé de le reconnaître, inspirées par les circonstances générales : les artistes ont lu ce qu'on lisait autour d'eux, ils ont assisté aux spectacles que l'on donnait; ils ont été attirés par les œuvres qui enthousiasmaient les écrivains leurs contemporains, parce qu'ils respiraient la même atmosphère. Observez qu'ils se sont, très rarement, adressés à leurs frères de combat et qu'ils doivent fort peu à Victor Hugo.

Il est pourtant un domaine immense, étranger à l'histoire, que la littérature a ouvert et dans lequel les Romantiques se sont complu. A la suite de Dante ou de Gœthe, ils se sont aventurés dans l'au-delà et le fantastique. Gœthe guide Delacroix et Berlioz au sabbat; Ary Scheffer traduit la Ballade de Lénore; Raffet, la Revue Nocturne. Ai-je besoin de dire que, dans le possible et l'impossible, se déploient toujours les mêmes instincts concrets? Barye modèle l'hippogriffe qui emporte Angélique et Roger avec la plus scrupuleuse vraisemblance physiologique.

Pour s'évader des platitudes actuelles, point n'est besoin des historiens et des poètes; le passé est toujours présent : il nous entoure et nous assiège pourvu que nous écoutions les monuments qu'il a laissés. *Notre-Dame de Paris*, de Victor Hugo, résume, pour nous, la ferveur avec laquelle les vieilles pierres furent alors vengées de siècles d'oubli. Mais, bien avant cette résurrection épique, peintres, dessinateurs, architectes étaient partis à la conquête des merveilles éparses sur notre sol. *Les Voyages pittoresques et romantiques dans l'ancienne France,* sous la direction du baron Taylor, ouvraient une vaste enquête à laquelle Bonington et

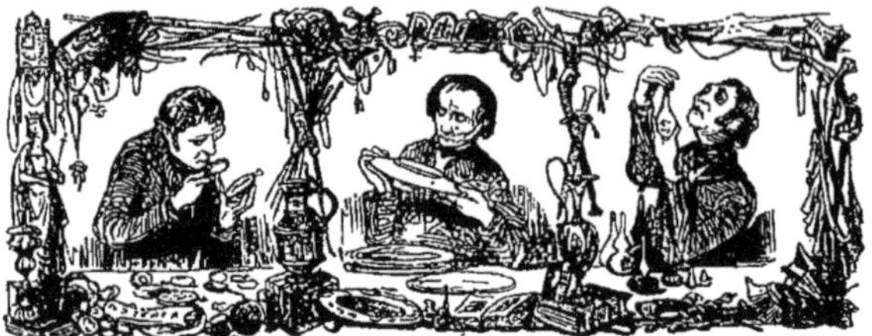

Isabey apportèrent les contributions les plus valables, et qui éveilla, de toutes parts, des échos.

Un instinct analogue guidait Révoil, Du Sommerard, Trimolet, ou Sauvageot à la poursuite des bahuts, des émaux, des miniatures ou des ivoires. A l'aide de ces objets qu'ils accumulaient avec délices, beaux quelquefois, toujours curieux et évocateurs, c'est le décor de la vie, c'est la physionomie des périodes aimées qu'ils reconstituaient. Écoutez le Cousin Pons expliquant à Madame de Marville les souvenirs qui imprègnent un éventail. Les artistes, lorsqu'ils encombraient leurs ateliers de bibelots hétéroclites, leur prêtaient une signification analogue. Les fureteurs, qui plaçaient dans leur intérieur une vieille armoire ou un prie-Dieu, obéissaient, d'une façon plus ou moins confuse, à un semblable sentiment. Comment s'étonner, dans ces conditions, que les artistes décorateurs aient renoncé à inventer des formes et qu'ils se soient enlisés dans des pastiches souvent incohérents? En se déguisant, ils exprimaient, véritablement, leur temps. Le succès général qui accueillit leurs productions en est la preuve irréfragable.

Fuite dans le temps, fuite à travers l'espace. Le paysage romain, après Poussin et Claude Lorrain, n'avait plus été qu'un décor vide. L'Italie n'était, pour les artistes, qu'un incomparable musée. Précédé par l'Italien Pinelli, Géricault révèle le pittoresque des coutumes, des costumes du peuple italien moderne : il montre la voie à Schnetz, Léopold Robert, aux peintres lyonnais, à Rude, à Duret. Bonington chante, avant Delacroix, la splendeur de Venise, dont la physionomie unique, la saveur étrange et le charme avaient échappé à des siècles aveugles. La lagune, les palais ajourés comme des dentelles, les rios

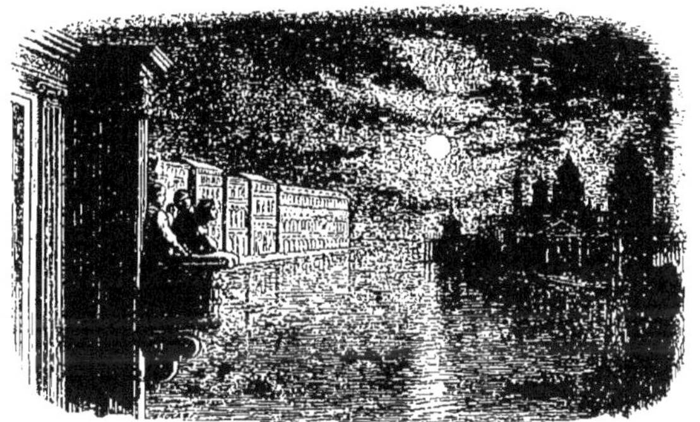

silencieux, les gondoles au profil nerveux, révèlent, enfin, leur poésie à des yeux, à des cœurs capables d'en être émus. La lune, sur le grand canal, invite à de longues et, alors, toutes fraîches rêveries; et dans les salles du Palais des Doges, magnifiées par Véronèse et Tintoret, on attend le passage de Marino Faliero, des Foscari ou du More Othello qui vient d'épouser, après l'avoir séduite, la fille du sénateur Brabantio. La guerre d'indépendance hellénique tourne toutes les pensées vers l'Orient qui, depuis l'expédition d'Égypte, n'avait pas été oublié. L'imagination s'enflamme sur des renseignements incomplets, indirects. Sans sortir de leur atelier, les artistes célèbrent l'héroïsme des Grecs. Ils forgent un Orient orné de toutes les richesses dont la vue leur est refusée, étincelant de toutes les pierres précieuses des Mille et Une Nuits. Les Odalisques succèdent fort à propos aux Vénus couchées. Mais bientôt quelques-uns vont s'informer brièvement : Champmartin fait une courte visite à Constantinople et Decamps à Smyrne.

La prise d'Alger ouvre une période nouvelle : l'Orient est désormais plus proche, plus accessible : Delacroix visite l'Algérie et le Maroc; Horace Vernet, l'Algérie. Les voyages se multiplient : Marilhat va en Égypte où Félicien David trouve l'inspiration du *Désert*. Pour rêver à l'Orient, il

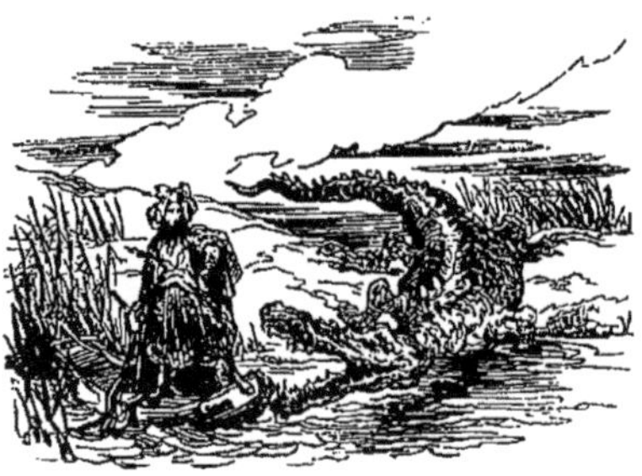

suffit, au reste, d'aller au Jardin des Plantes. Lorsque Delacroix ou Barye contemplent les fauves, ils se plaisent, nous le savons, à analyser ces admirables et féroces machines et à y découvrir les mêmes ressorts qui président aux mouvements des hommes. Ils les revoient, en même temps, là-bas, au milieu des paysages auxquels ils ont été arrachés; il rêvent du désert indien, des grandes chasses, des tragiques surprises.

Il est, enfin, un ordre d'inspiration qui n'étonnera pas chez ces êtres nerveux, habitués à chercher des stimulants et qui, pour accéder à la vie, s'adressent, d'abord, aux historiens et aux poètes. Ils ont beaucoup interrogé les musées, non pas seulement, comme il était naturel, pour y puiser des conseils et des exemples techniques, mais pour s'y échauffer au contact de maîtres généreux. Ils auraient voulu vivre dans le rayonnement du Titien, de Michel-Ange et de Rubens et, par un acte de foi, ils se sont crus parfois transportés auprès d'eux. Quelques-uns ont produit de véritables pastiches, non certes littéraux par morceaux recomposés, mais selon l'esprit des périodes admirées. *La Courtisane* de Sigalon, *la Naissance de Henri IV* d'Eugène Devéria ont été applaudies parce que développées « à la manière » des Vénitiens. Les plus grands Romantiques n'ont pas échappé à cette emprise. Ils ont retrouvé quelque chose de la sensibilité de leurs chefs spirituels. Tel portrait romantique a été observé à travers Rembrandt, tel autre à travers Reynolds. L'image de musée s'interpose entre la nature et l'artiste; tout au moins est-il ravi de retrouver, dans la réalité, les beautés qu'ont dégagées de grands visionnaires, et Delacroix, enthousiasmé par le spectacle coloré et grouillant d'une foule andalouse : « Tout Goya, s'écrie-t-il, palpitait devant moi. »

Ainsi l'artiste romantique, pour alimenter sa sensibilité, plonge dans le passé, poursuit des paysages lointains, demande aux génies de l'entraîner dans leur sillage. Avide de sincérité et de vie, il a un besoin perpétuel d'excitations artificielles. Il aspire à tout traduire et, incapable de s'oublier jamais, quel que soit son thème, il le subordonne toujours à lui-même. Il dédaigne les spectacles immédiats et les réalités journalières ; la simplicité, le calme ne le touchent pas ; il court à ce qui est tendu, caractéristique, exceptionnel, excessif. Au sortir d'une période de certitude étroite, livré à lui-même, sans autre guide que ses instincts, il fait l'apprentissage douloureux de la liberté, admirable par ses élans, son désir de tout étreindre, par les rêves chimériques d'un cœur inassouvi.

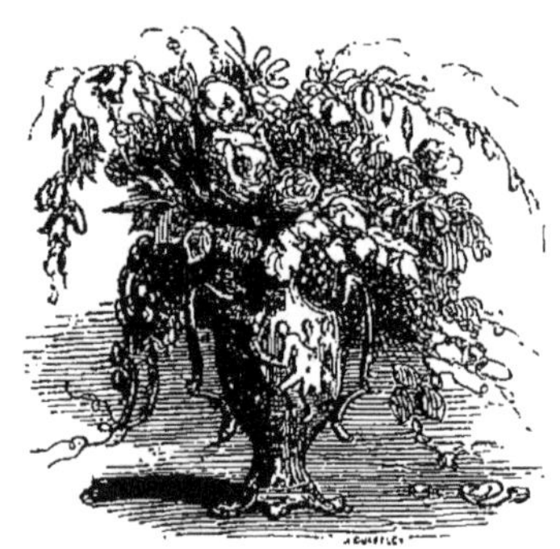

# Les Modes d'Expression romantiques

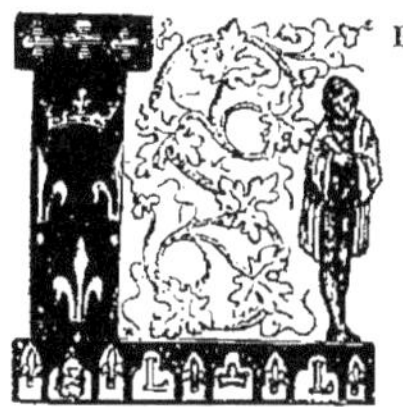

Les visions colorées, les harmonies sonores ou plastiques assiègent l'imagination de l'artiste. Comment va-t-il leur donner la forme concrète qu'elles réclament? Comment se réalisera l'œuvre? Peintres, sculpteurs ou musiciens vont parler, chacun, un langage différent, mais ils abordent leur technique particulière avec des prédispositions analogues; sans les suivre dans leurs ateliers ou dans leurs cabinets, il est intéressant de définir leurs intentions au moment où ils y pénètrent.

L'artiste romantique réclame la même liberté pour exécuter que pour concevoir. Aucune règle traditionnelle ne saurait lui être opposée. Conception d'un type de beauté, prééminence du dessin, de la mélodie sur la couleur ou l'orchestration, système de composition, équilibre, symétrie, épuration, autant de préjugés d'atelier. La connaissance des grands maîtres et des grandes époques de l'art en montre la vanité. Naguère des élèves, qui ne connaissaient que leur patron, pouvaient imaginer que celui-ci détenait seul la vérité; aujourd'hui le trésor du passé nous est livré et il faut reconnaître que les génies se sont exprimés par des méthodes les plus diverses, parfois tout à fait opposées. Entre eux, il est absurde de faire un choix : tous ils sont admirables. Cette compréhension infiniment élargie nous libère : musées et bibliothèques sont des foyers d'affranchissement.

Préjugé encore, cette hiérarchie factice imaginée entre les arts : peintres d'histoire qui se croient d'essence supérieure parce qu'ils traitent la mythologie et les souvenirs de la Grèce et de Rome, et dédaignent les peintres de genre parmi lesquels ils ne distinguent pas, au reste, entre ceux qui décrivent un intérieur de cuisine et ceux qui célèbrent la Révolution ou Napoléon. Il est absurde de réserver certaines dimensions à une catégorie de sujets : les amours de Mars et de Vénus ont droit aux proportions colossales mais *le Radeau de la Méduse* aurait dû se réduire à une toile de chevalet! Nulle autre distinction réelle que celle des talents :

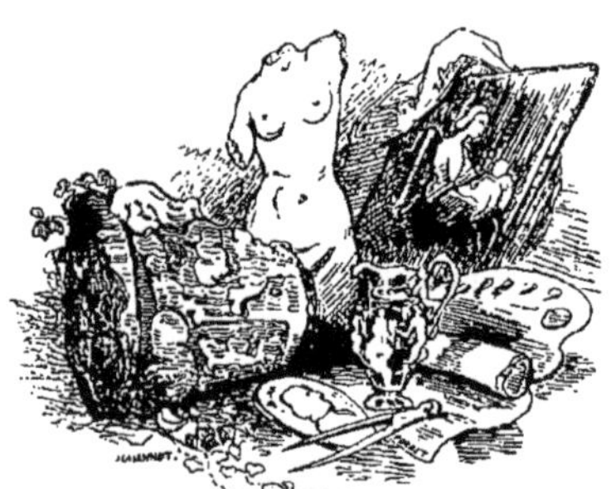

La miette de Cellini
Vaut le bloc de Michel-Ange.

Les limites que l'on a assignées aux différents arts et les barrières que l'on a élevées entre eux sont, elles aussi, en grande partie arbitraires. Il n'est pas vrai que la sculpture n'ait en partage que la seule plastique, que la peinture ne traduise que les formes et la musique que les sons. Chaque art peut refléter l'univers. Sans doute, il ne le fera pas en s'adressant, comme la littérature, à la raison, mais, au delà de la raison, au delà de ce que la parole peut exprimer, il sait toucher notre être intime. La puissance d'évocation de l'artiste n'a de bornes que dans son génie. Par ailleurs, à une époque où la littérature est musique par le rythme du style et peinture par les images qu'elle suggère, pourquoi la peinture serait-elle un art de sourds et la musique d'aveugles? Les transpositions dans une technique de ce qui paraissait réservé à d'autres tentent l'artiste romantique. Théophile Gautier, dans sa *Symphonie en blanc majeur,* rivalise, à la fois, avec la peinture et la musique. Les paysagistes romantiques donnent des impressions de fraîcheur et de silence, et Berlioz, dans sa *Symphonie fantastique,* décrit une exécution capitale et le sabbat; Félicien David traduit l'immensité vide du *Désert.*

Ainsi l'artiste peut nous livrer le trésor total de ses sentiments. Il lui est donné de s'exprimer lui-même. L'inspiration qui l'a animé acquiert, en se réalisant, une richesse qu'elle doit aux formes qu'elle revêt. Si ardente, si féconde qu'ait été l'étincelle créatrice, l'exécution technique engendre des beautés qui semblent naître de la matière. Le thème initial s'étoffe, s'entoure de prestiges, s'orchestre de variations, d'harmoniques. L'artiste se révèle à lui-même en se communiquant aux autres. Tout son travail porte sa marque; essayer de l'atténuer ou de la dissimuler serait diminuer l'œuvre. Le fini extérieur, une perfection impersonnelle sont insipides. Que la trace du coup de pinceau, l'empreinte du pouce, le trait échappé, le repentir nous rappellent constamment la présence réelle de l'auteur.

De semblables dispositions obligent l'artiste à forger, lui-même, sa technique. Il ne peut recevoir d'autres, tel quel, l'instrument adapté à sa propre pensée. Les Romantiques n'ont pas dédaigné de s'instruire; ils n'ont même pas eu l'orgueil de s'instruire seuls; ils n'ont pas été des autodidactes. Ils ont réclamé les leçons de l'École des beaux-arts; on a vu Delacroix, après *Dante et Virgile,* retourner dans l'atelier de Guérin, peindre une académie, participer au concours des places. Berlioz a travaillé avec persévérance pour le Prix de Rome. Mais ils n'ont pas accepté de recettes et leur formation technique s'est faite dans les musées, les bibliothèques, dans la méditation ou les expériences, ou les tâtonnements personnels. On les a taxés d'ignorance parce qu'ils déroutaient les habitudes prises. La plupart d'entre eux ont, il est vrai, été impatients de se produire : ils ont débuté jeunes avec plus d'audace que d'acquis. Mais, en un temps d'enthousiasme et de fièvre, des intuitions

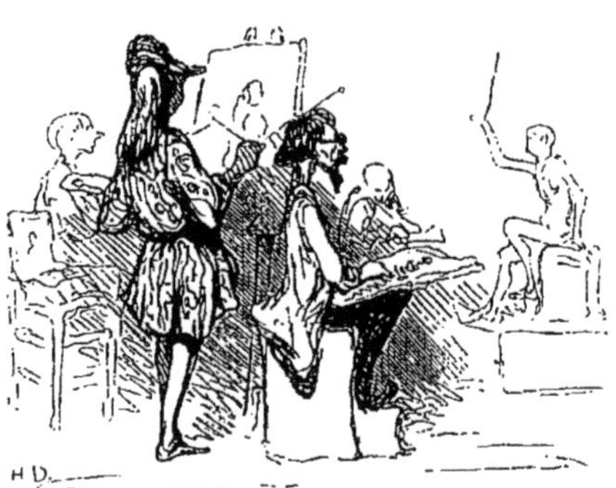

rapides suppléaient aux études méthodiques. Le bruit qui se faisait autour de leurs œuvres ne les a d'ailleurs pas grisés. Ils ont été jaloux de se perfectionner. Le souci de la technique les a souvent obsédés; ils ont cherché des combinaisons inédites, expérimenté des recettes, parfois pour le grand détriment de la durée de leurs œuvres. La chimie leur a livré des couleurs nouvelles, tel le cadmium; l'orchestre s'est enrichi de toute une série d'instruments à vent. Une inquiétude technique s'est naturellement associée à l'inquiétude de la pensée. Ils ont cherché encore à diversifier leurs modes d'expression. C'est eux qui ont implanté en France l'aquarelle. La lithographie, l'eau-forte, le bois les ont attirés. Barye se délasse de la sculpture par l'aquarelle, le pastel ou l'huile.

Est-il possible, à présent, de dégager, parmi les techniques des différents arts, quelques pratiques communes à tous les Romantiques? Ils ne se sont jamais crus astreints à un respect absolu de la réalité. Souligner le caractère, accentuer l'expression, solliciter les formes, est, chez eux, un droit dont ils ont usé avec discrétion ou outrance, maladresse ou bonheur, repétrissant l'humanité comme Delacroix, pratiquant des déformations systématiques comme Préault ou David d'Angers.

La pauvreté, la nudité de l'exécution leur ont été odieuses. Ils ont craint les arêtes vives et la ligne droite, la limpidité. Decamps exprimait un jour le regret de n'avoir pas bénéficié des leçons d'Ingres qui lui aurait appris à livrer tout uniment sa pensée. Il était, sans doute, sincère, mais, à cet instant, il reniait, en réalité, l'essence de son art. Empâter la toile, développer l'orchestration, multiplier les accents ou les accidents, compliquer, sans craindre d'être touffu ou confus, le décor, ce sont instincts profonds du Romantisme. Il est hostile à l'architecture : une ossature apparente lui répugne. S'il a exalté la cathédrale gothique c'est pour sa spiritualité, parce qu'il y lisait ou croyait y lire une âme splendide et mystérieuse; il a méconnu, complètement, le caractère constructif du gothique.

Supprimer ou subordonner l'inerte, substituer le dynamisme à la géométrie, renoncer aux précisions qui satisfont l'esprit, faire appel aux sens et à l'âme, préférer, en toute chose, la vie à l'ordre, obéir aux entraînements de la passion, voilà le fond du Romantisme. Le Classique rapproche la peinture de la sculpture et la sculpture de l'architecture dont la splendeur est faite de stabilité et de permanence. Le Romantique aime le fugitif : par un effort contraire, il bouscule l'architecture, rend la sculpture pittoresque, la peinture musicale, la littérature pittoresque et musicale. La musique est l'art romantique, par excellence, le plus fluide, le plus immatériel, le plus pénétrant, le plus indéterminé.

S'il en est ainsi, le Romantisme ne peut être un accident unique, survenu, à l'improviste, dans l'évolution artistique du XIX<sup>e</sup> siècle et, presque aussitôt, résorbé, sans origine, sans lendemain. Il répond à une des orientations essentielles du génie humain : pôle sensible auquel s'oppose le pôle rationnel. Il n'est pas d'époque qui n'ait été, quelque peu, entachée de Romantisme. Parler du Romantisme des Classiques est, aujourd'hui, un lieu commun. Avec la même justesse, on analyserait le Classicisme des Romantiques. On ne conçoit pas un artiste dépourvu totalement de logique ou de sentiment. Certaines périodes, sous des influences entre lesquelles on retrouverait des analogies, ont favorisé une poussée romantique : ainsi l'époque hellénistique, ainsi l'âge du gothique flamboyant. Le xvii$^{e}$ et le xviii$^{e}$ siècle ont

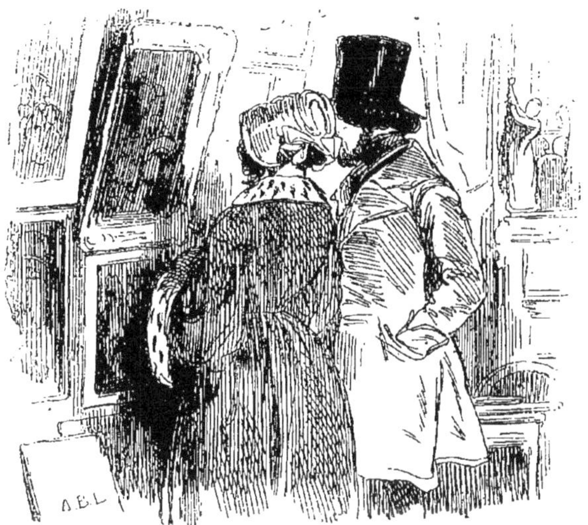

connu, surtout hors de France, la fougue, les exagérations, le Romantisme du Baroque. Le Romantisme du xix$^{e}$ siècle, par bien des côtés, est un retour à la tradition baroque, il en est le prolongement et le rajeunissement.

Pourquoi, alors, a-t-il suscité tant de scandale? Nous l'avons dit : il se heurtait à une école dont les origines étaient récentes, dont le crédit n'était pas entamé, et qui, par ses grandes tendances, était d'accord avec le génie national. Ce génie national, mesuré, clair, raisonnable ou raisonneur, était hostile au Romantisme. Seule une minorité, ardente, magnifique mais numériquement limitée, fut fascinée. Elle aurait recueilli des adhésions, elle aurait, tout au moins, reçu un accueil sympathique si elle avait pu s'exprimer par les méthodes alors familières. Shakespeare n'avait pas choqué, traduit par Ducis. Mais, précisément, le langage reçu ne s'adaptait pas. Les formes neuves surprirent et déroutèrent. La résistance, pour le plus grand nombre, ne vint pas d'un parti pris : en toute sincérité, ils ne comprenaient pas. La bataille romantique put donc prendre les apparences d'une querelle technique, mais les apparences seulement car un lien intime unissait technique et inspiration.

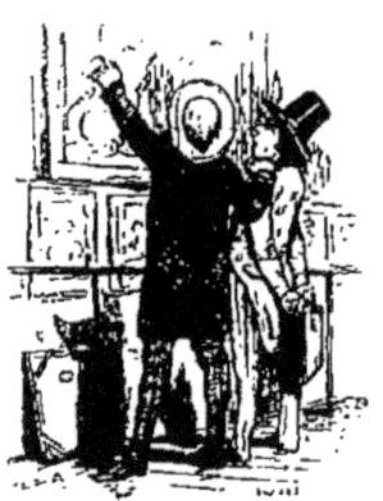

## La Vie des Artistes

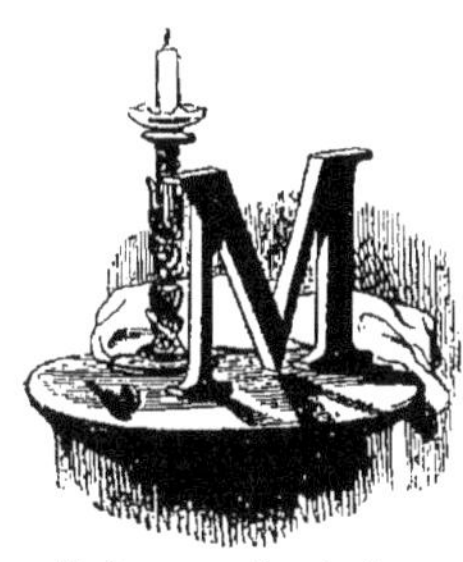

Murger et d'autres écrivains ont prêté aux jeunes artistes de la période romantique des mœurs pittoresques, sinon édifiantes. Paresseux, vivant de ressources ingénieuses et précaires, au besoin d'expédients, Marcel, Rodolphe, Schaunard et leurs émules, l'Oscar de Reybaud, le Cabrion d'Eugène Sue, sont occupés par d'éphémères et vulgaires amours, par les dîners à la guinguette, les bals à la barrière ou chez Musard. Ils attendent que la providence mette en lumière leur talent, qu'ils s'inquiètent peu de développer. Leur grande affaire est de monter des scies, d'accabler de facéties plus ou moins légères leurs jeunes camarades, de turlupiner l'imprudent philistin qui s'est aventuré auprès d'eux. C'est la vie de bohème sur laquelle s'est exercée aussi la verve de Grandville, d'Henri Monnier et, surtout, de Gavarni. Portraits compromettants qui ont eu le tort de jeter le discrédit sur les artistes, de fortifier, dans les familles bourgeoises, le préjugé contre les vocations artistiques, et qui, au reste, sont faux. Il y a eu, certes, à cette époque comme à toute autre, des jeunes gens paresseux et dissipés; ce n'est pas parmi eux que se sont recrutés les maîtres. Anatole, dont Edmond de Goncourt a tracé, dans *Manette Salomon,* la silhouette amusante et falote, devient, logiquement, un raté.

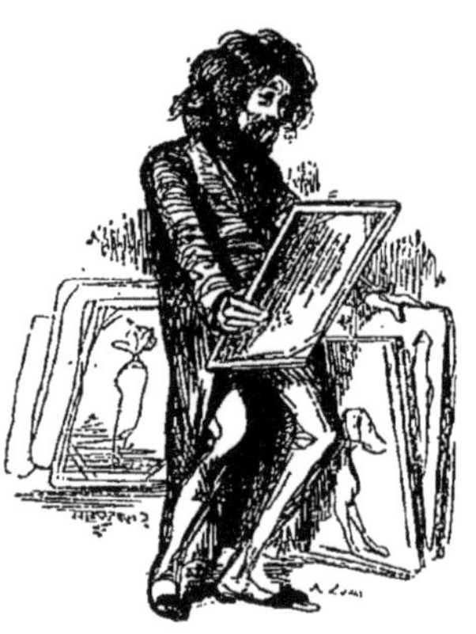

C'est par des efforts persévérants, acharnés, parfois héroïques, que les maîtres ont conquis la gloire. Ils ont eu, suivant les circonstances, des débuts plus ou moins faciles. Quelques-uns, soutenus par des parents aisés, ont, tel Corot, toujours ignoré la gêne; d'autres ont, tel Barye, conquis le pain quotidien en s'employant dans des industries d'art; plusieurs ont connu et ont bravé la pire misère. David d'Angers, Paul Huet, Diaz, Hamon n'ont pas toujours mangé à leur faim. Ces épreuves ne les ont pas découragés, même quand elles se sont prolongées jusqu'à l'âge mûr, comme pour Théodore Rousseau. Ils ont pu avoir, ainsi que tous les jeunes gens, quelques heures de détente et même de plaisirs bruyants, mais c'était au sortir de longues journées d'efforts. On les a accusés de chercher à étonner et à scandaliser, de poursuivre des succès faciles; ils savaient, en réalité, que les voies dans lesquelles ils s'étaient engagés étaient ingrates; leurs œuvres s'accumulaient dans leurs ateliers : pour trouver des acquéreurs, il eût fallu faire des concessions; on les y encourageait. D'aucuns se sont laissé séduire. Les meilleurs n'ont pas dévié de la voie qu'ils s'étaient tracée. Préault a été capable de briser, presque chaque année, le plâtre qu'il venait d'exposer ou, qui pis est, qu'on lui avait refusé, et de préparer une tentative nouvelle pour l'année suivante. Les paysagistes, surtout, ont été admirables, fidèles à leurs convictions, alors que tout le monde leur donnait tort.

On a répété, à satiété, qu'ils bâclaient. La critique méprisante ne voyait, dans leurs productions, qu'improvisations et ébauches. A présent que nous les connaissons mieux, nous savons par quel labeur étaient préparées ces improvisations. L'ensemble imposant de dessins et d'albums, confidences d'Eugène Delacroix, qui, par les soins de Moreau Nélaton, sont entrés au Louvre, nous montrent avec quelle conscience, avec quelle ardeur, avec quelle patience aussi, ce maître altier et fougueux n'a cessé de travailler et de s'instruire, d'interroger les sources et les documents les plus divers, les moins prévus, non seulement pendant les années de formation, mais toute sa vie et jusqu'à la veille de la mort.

Nous imaginons volontiers qu'en une période exaltée, ces esprits ardents se sont livrés aux fougues de la passion, qu'ils ont connu les orages du cœur, qu'ils ont été, d'autre part, tentés par les hasards et les aventures. La vie de Berlioz répond, de tous points, à cette conception romantique ou romanesque. Fils d'un médecin aisé, il est venu à Paris sous prétexte de faire sa médecine, en réalité pour se consacrer à la musique vers laquelle l'entraîne une vocation irrésistible. Brouillé avec les siens quand il s'est déclaré, privé, à un moment, de toute pension, il s'impose les privations les plus dures, s'engage comme choriste. Dans un état d'exaltation qu'alimente une admiration fiévreuse pour Gluck, Weber ou Shakespeare, animé d'un esprit de révolte, et soutenu par une confiance illimitée en lui-même, par le désir et l'espérance de la gloire, il est sujet à des crises de tristesse : « Tristesse mortelle! j'ai envie de pleurer, je voudrais mourir », s'écrie-t-il en 1829, au moment où il vient de composer l'ouverture des *Francs Juges :* « Rien n'est si terriblement affreux que mon ouverture des *Francs Juges!* C'est un hymne au désespoir, mais le plus désespérant qu'on puisse imaginer, horrible et tendre », et, dans ce même style excessif, emphatique qui, chez lui, est naturel : « Qu'est-ce donc, demande-t-il, que cette faculté de souffrir qui me tue? » Après avoir conquis le prix de Rome de haute lutte, il ne peut séjourner en Italie et son retour est une fuite véritable accompagnée d'épisodes tragi-comiques. Ses amours sont frénétiques, le jettent dans des embarras inextricables, s'accompagnent de ruptures, de retours, d'épisodes poignants ou pitoyables. Il a reçu le coup de foudre d'une actrice, Miss Smithson, venue, avec une troupe anglaise, jouer Shakespeare, à Paris; elle incarne, pour lui, la beauté, l'idéal, la gloire; en réalité l'idole est médiocre et quand, par un bonheur inespéré, il l'a conquise et épousée, presque aussitôt elle devient pour lui un fardeau insupportable dont il parviendra péniblement à se délivrer.

Tout chez lui devient tragique : l'organisation d'un concert, les rapports avec les directeurs de scènes, avec les musiciens, avec le public, les tournées à l'étranger. Glorieux et bafoué, devenu critique d'art par nécessité et nourrissant une tendresse secrète pour cette servitude qu'il déplore, son masque accentué, ses yeux étincelants, ses traits contractés, l'auréole rousse de sa chevelure lui donnent un air satanique et traduisent le tourment qui le ronge.

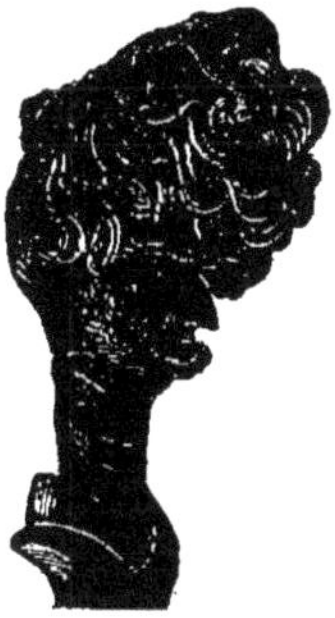

Mais Berlioz demeure exceptionnel. D'autres ont pu faire des fugues lointaines, partir en Égypte, comme Gleyre, comme Félicien David; tout abandonner par mysticisme religieux, comme Eugène Devéria. Ce sont là encore des crises. Chez la plupart des grands artistes, la vie de société a été régulière et obscure, et, pour tout dire, elle a, en réalité, peu compté. Leur vie véritable a été celle de leur art. « Ce qu'il y a de plus réel en moi, disait Delacroix, ce sont les illusions que je crée avec ma peinture. Le reste est un sable mouvant. » Plusieurs n'ont pas fondé de foyer parce que leurs budgets étaient précaires, mais, d'abord, parce que l'art les absorbait. Rien de plus ordinaire, de plus plat, si l'on veut, que l'existence d'un Corot vivotant modestement sur les petites rentes paternelles, que le ménage rangé d'Ingres. Ni Decamps, ni Barye, ni Rude ne trouvent, en dehors de leur travail, à nous arrêter et, si Horace Vernet éveille quelque curiosité, c'est qu'il aime à recevoir dans son atelier et n'éprouve l'inspiration qu'au milieu du bruit.

Eugène Delacroix, d'une famille distinguée, fils d'un préfet de l'Empire, frère d'un général, très cultivé, est un homme d'une éducation très raffinée, causeur étincelant, fait pour séduire. Mais ce peintre fougueux, dont l'art respire la fièvre a, dès les premiers pas, discipliné sa vie et il l'a subordonnée au développement de son génie. Comme Stendhal, il exerce sur lui-même un contrôle permanent. Son *Journal* en donne l'émouvant témoignage. Le jeune homme qui vient de peindre *Dante et Virgile* ou qui travaille au *Massacre de Scio,* s'étonne et s'irrite de ses heures de défaillance ou d'incertitude. « Je ne suis donc qu'un sabot? s'écriait-il en 1824, je ne suis remué qu'à coups de fouet »; il se donne des stimulants, s'impose des exercices spirituels : « Pense au Dante, relis-le continuellement, secoue-toi pour revenir aux grandes idées. » A l'âge des vastes espoirs il s'inquiète, parce qu'elle pourrait le paralyser, de sa santé médiocre, et note, à vingt-quatre ans, des recettes de régime pour s'assurer de longs jours, longs jours consacrés à l'art. Il se reproche les plus innocentes distractions, une sortie, une soirée avec des amis. Plus tard, s'il fréquente le monde, moins, d'ailleurs, qu'on ne l'a dit, c'est par nécessité, pour garder des relations utiles et pour obtenir, grâce à ses dons naturels de fine diplomatie, les grandes commandes dont il a soif. Il a quelques amis, braves gens modestes, ignorés, avec lesquels, tout jeune, il s'est lié d'une franche et durable camaraderie; il va parfois, après dîner, s'asseoir au foyer de l'un d'eux, et il dessine, en devisant, sous la lampe, car il dessine même pour se reposer. Longtemps il se retrouvera à la Saint-Sylvestre, avec ses compagnons de la vingtième année.

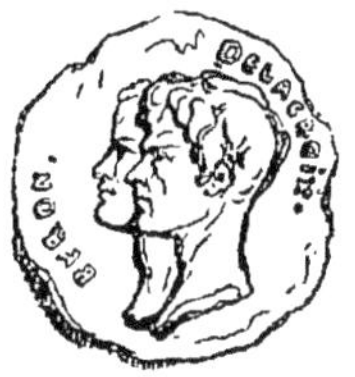

Sa personne, son nom, lui auraient pu valoir des liaisons flatteuses : il s'y est dérobé et, pour autant que nous puissions deviner sa vie sentimentale, sur laquelle, sauf dans l'expansion de la jeunesse, il est demeuré très discret, il n'a guère connu que d'obscures amourettes ou de rapides aventures. Dans son logis de célibataire est venue s'installer, aux approches de la quarantaine, une gouvernante, peut-être une ancienne chambrière de sa sœur, qu'il avait séduite quinze ans auparavant; il lui consacre une secrète et profonde affection; elle lui voue toute sa vie et il mourra les mains dans les mains de cette fille simple au grand cœur. En dehors de ses travaux, du célèbre voyage au Maroc, de deux rapides visites en Belgique, peu d'épisodes dans son existence : des périodes de détente ou de repos à Valmont ou à Champrosay, des séjours chez George Sand ou, à Angerville, chez Berryer, quand le mal de gorge qui le mine, et dont il mourra, s'aggrave, des stations aux Eaux-Bonnes ou à Plombières. Peu de chose, rien. Il s'est volontairement reclus et, de ce parti héroïque il n'a pas manqué de souffrir. « J'ai fait, note-t-il, en 1847, dans une heure de découragement, j'ai fait d'amères réflexions sur la profession d'artiste, cet isolement, ce sacrifice de tous les sentiments qui animent le commun des hommes », mais, pour lui comme pour le moine de *l'Imitation*, la claustration, en se prolongeant, arrive à paraître douce et il a fini par chérir la solitude qu'il avait choisie parce que, seule, elle lui permettrait de faire œuvre. Il faut le suivre dans cet atelier surchauffé où il redoute les visiteurs; ceux qu'il reçoit lui donnent une joie d'un instant; il s'anime, se répand en propos brillants, mais c'est pour retomber, aussitôt seul, dans un abattement qui le met hors d'état, ce jour-là, de reprendre les pinceaux. Aussi Jenny monte-t-elle une garde jalouse devant la porte et n'introduit, même les intimes, qu'à regret. Le voici tranquille, tout entier à la peinture, à sa passion : il travaille. Pour être moins dérangé, lui qui n'est insensible ni à la bonne chère ni au bon vin, il déjeune d'une façon frugale, et pendant longtemps, il a supprimé le repas du midi pour ne pas interrompre sa séance. Il travaille avec ardeur, avec frénésie selon sa propre expression. C'est sa grande affaire et, avec l'âge, c'est devenu sa seule joie : autrefois, il le remarque vers 1850, il avait besoin pour se mettre au travail de la promesse d'une distraction; à présent cela ne lui est plus nécessaire. Le travail est sa propre récompense. Le 1er janvier 1861, il connaît le parfait bonheur. Ce jour-là, au lieu de faire des visites, il s'est enfermé dans la chapelle qu'il peint à Saint-Sulpice et il a travaillé toute la journée. « Heureuse vie! s'écrie-t-il, compensation céleste de mon isolement prétendu. » Telle est la vie concentrée d'Eugène Delacroix, toute vouée à la religion de l'art.

Sur la foi de Théophile Gautier et de Sainte-Beuve, l'idée de la solidarité entre les écrivains et les artistes romantiques est devenue un lieu commun. Si l'on entend affirmer par là l'unité d'un mouvement, divers en

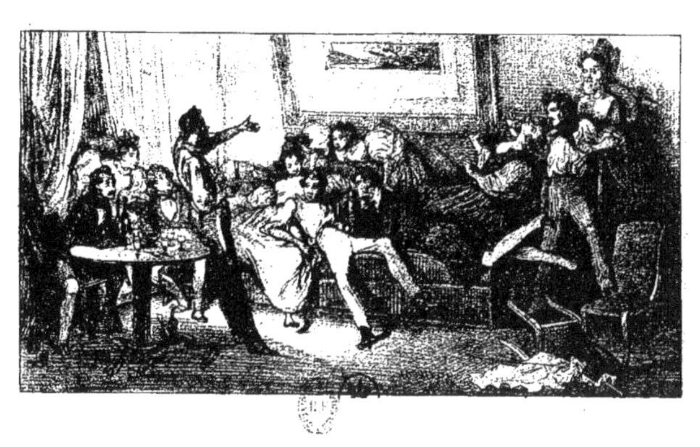

ses manifestations, mais déterminé par les dispositions générales de la période, je n'y contredirai pas et me suis suffisamment expliqué sur ce point. Mais, à mon sens, on s'égare si l'on imagine des relations intimes, personnelles, des influences réciproques directes et surtout une sorte de mainmise de la littérature sur l'art.

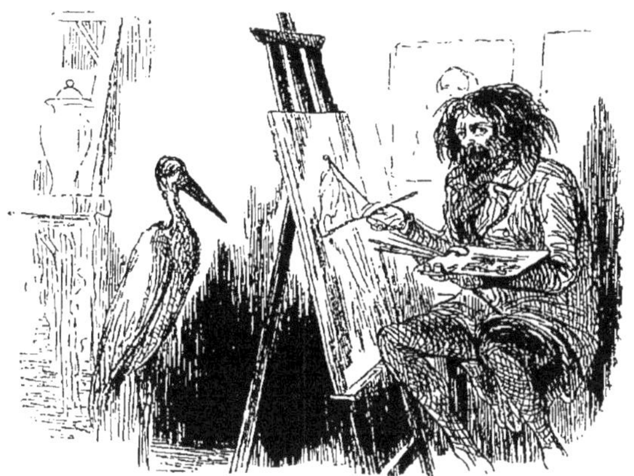

Victor Hugo et Delacroix se sont très peu fréquentés : ils ne s'aimaient et ne se comprenaient même pas. Chez Nodier à l'Arsenal, chez Achille Devéria, David d'Angers et Barye ont pu passer; on n'y a vu ni Decamps, ni Rousseau, ni Préault, ni Berlioz. Ce sont surtout des illustrateurs, les Johannot, Célestin Nanteuil, Achille Devéria qui ont été les assidus de ces réunions. L'enfant chéri du Cénacle, celui que Victor Hugo appelait son peintre, c'est le malheureux, excessif et inconsistant Louis Boulanger. Il suffit que les maîtres, en tout ordre, aient communié dans l'admiration du Moyen Age, de Shakespeare, de Gœthe, et qu'ils aient respiré l'air de leur temps.

Un dernier trait. Les artistes romantiques ont ignoré les basses ambitions, les intrigues, les jalousies. Ils ont été, même pauvres, secourables à leurs camarades et désintéressés. Ils rêvaient, avec Eugène Devéria, « la gloire absolue d'un grand nom » et Jules Breton, qui les avait approchés, s'écriait en pensant à eux : « O belle époque, toute frémissante d'enthousiasme et de générosité ! »

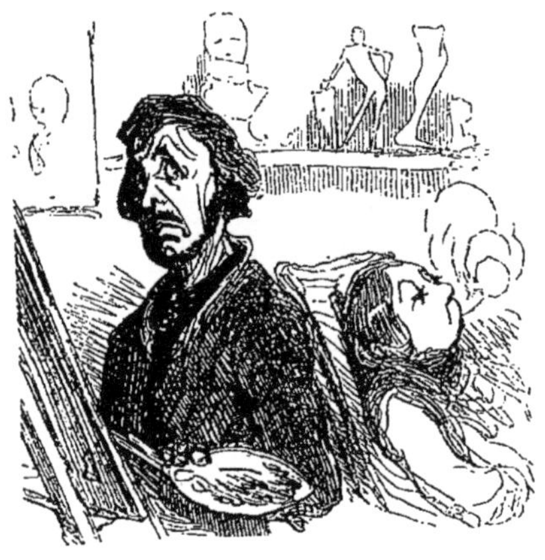

# Berlioz et la Musique romantique

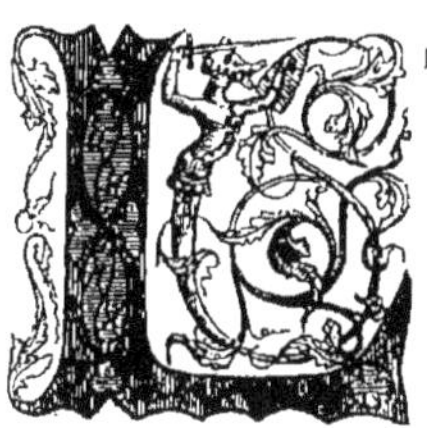E 5 décembre 1830, *la Symphonie fantastique* fut exécutée à l'Opéra. La forme que Berlioz avait choisie répondait à ses convictions et à ses instincts. Persuadé que la musique était « l'art d'émouvoir par les sons », il estimait qu'un livret, une affabulation déterminée étaient de nature à aiguiller l'auditeur, à lui permettre de pénétrer les intentions des compositeurs, à créer « l'ambiance favorable à communiquer l'émotion ». La symphonie à programme, par ailleurs, lui fournissait à lui-même des thèmes pour échauffer, varier, enrichir son inspiration. Ce qu'il voulait exprimer c'était lui-même, ses élans, ses amours et ses caprices, les hyperboles, les désordres d'une imagination névrosée. Mais, pour y parvenir, des prétextes extérieurs lui étaient nécessaires. Il n'était pas homme, comme Chopin, à tout tirer de son être intime et de sa propre substance; il ne voulait pas, certes, faire œuvre descriptive ou imitative, mais il avait besoin d'évoquer

des spectacles et de décrire l'univers pour produire son propre cœur. Enfin, son génie était essentiellement dramatique et lui qui, en 1837, allait, dans son *Requiem,* selon l'expression de M. Alfred Boschot, son excellent biographe, « transformer en scénario à programme la messe », avait imaginé, pour son hymne d'amour, un drame véhément en cinq épisodes.

« Je suppose, expliquait-il à un de ses amis en lui résumant le programme explicatif distribué au public, je suppose qu'un artiste doué d'une imagination vive, se trouvant dans cet état d'âme que Chateaubriand a si admirablement peint dans René » — remarquez cette invocation à l'un des pères spirituels du Romantisme — « voit pour la première fois une femme qui réalise l'idéal de beauté et de charme que son cœur appelle depuis longtemps et en devient éperdument épris. » L'artiste, vous le savez, c'est lui-même et la femme idéale, miss Henriette Smithson. « Par une singulière bizarrerie, l'image de celle qu'il aime ne se présente jamais à son esprit qu'accompagnée d'une pensée musicale, dans laquelle il se trouve un caractère de grâce et de noblesse semblable à celui qu'il prête à l'objet aimé. Cette double idée fixe le poursuit sans cesse; telle est la raison de l'apparition constante, dans tous les morceaux de la symphonie, de la mélodie principale du premier allégro. » N'êtes-vous pas frappés de cette définition si précise de ce qui deviendra le leit-motiv wagnérien? La liaison invincible entre un personnage, un état d'âme et une phrase musicale, il appartiendra à Wagner de la généraliser et d'en tirer les applications. Berlioz n'en est pas encore là. Le motif de la bien-aimée revient, brusquement, pour disparaître aussitôt, sans préparation, sans variations sensibles ni développement. Ce premier acte, qu'il intitule : *Rêveries, Passions* est d'une richesse extrême, mais qui n'est ni dominée, ni exploitée. Les motifs se succèdent, sans être liés, ni développés; c'est un décousu perpétuel, mais, par ces touches successives et comme juxtaposées, par cet impressionnisme, il se crée une impression prenante. L'orchestration la rend singulièrement intense. Il n'y a pas, à proprement parler, mélodie et accompagnement, mais réfraction et multiplication de l'idée par la succession ou le mariage des timbres des instruments. Des effets très contrastés, des sonorités profondes, singulières et qui étreignent. Il semble que Berlioz oppose les spectacles fugitifs ou bruyants du monde au recueillement de la méditation ou, selon les termes d'Alfred de Vigny, la « vie intérieure qui féconde et appelle » à « la vie extérieure qui tarit et repousse ».

Second épisode : *Un bal.* « Il assiste à un bal; le tumulte de la fête ne peut le distraire, son idée fixe vient encore le troubler, et la mélodie chérie fait battre son cœur, pendant une valse brillante. » La valse! elle était dans tout l'éclat de sa trépidante nouveauté. Venue après la polka, qui avait déjà scandalisé, elle représentait, pour les gens austères, la débauche, une licence impudente tout au moins. Opposée aux danses nobles ou compassées d'autrefois, elle soulignait, aux yeux des moralistes, un glissement des mœurs. Nous devons reconnaître qu'elle répondait à un besoin d'agitation frénétique que les âges classiques n'avaient pas connu, besoin auquel, dans les bals publics, le quadrille « échevelé » ou

« endiablé » donnait des satisfactions plus brutales. La valse de Berlioz n'a pas vieilli, elle demeure brillante, bondissante; attaquée avec une allégresse passionnée, elle se déroule en broderies légères, précieuses, nuancées, avec une délicate séduction; l'orchestration subtile concourt à créer un sentiment de grâce immatérielle et presque irréelle : c'est déjà le ballet des Sylphes. Cependant, tandis que le rythme entraînant se poursuit, le motif de la bien-aimée est apparu; il s'éclipse, la fête reprend, mais il reparaît de nouveau, s'estompe, revient, s'efface et, peu à peu, il semble que quelque chose d'ample et de profond se dégage. Le mouvement, la joie sont vaincus, et l'artiste demeure aux prises avec son cœur.

La troisième partie nous conduit dans la campagne où l'artiste, qui se croit aimé, promène ses espoirs. L'idée et, par beaucoup de côtés, l'inspiration de ce morceau, sont un hommage à Beethoven. « Toutes les âmes intelligentes et sensibles tendent vers Beethoven comme un bienfaiteur et un ami », devait écrire Berlioz en 1845. Depuis 1828, son ami, Habeneck, qui, précisément, dirigeait la première audition de *la Symphonie fantastique,* avait créé les Concerts du Conservatoire et il les consacrait surtout à faire connaître Beethoven en France. Après Beethoven, Berlioz nous fait part des impressions bienfaisantes que suggère la nature. Mais son héros « entend au loin deux pâtres qui dialoguent un ranz des vaches; ce duo pastoral le plonge dans une rêverie délicieuse ». *Guillaume Tell* venait d'être joué, avec le succès immense que l'on connaît, en 1829. On n'imagine pas que Berlioz reprenne ici, par coïncidence

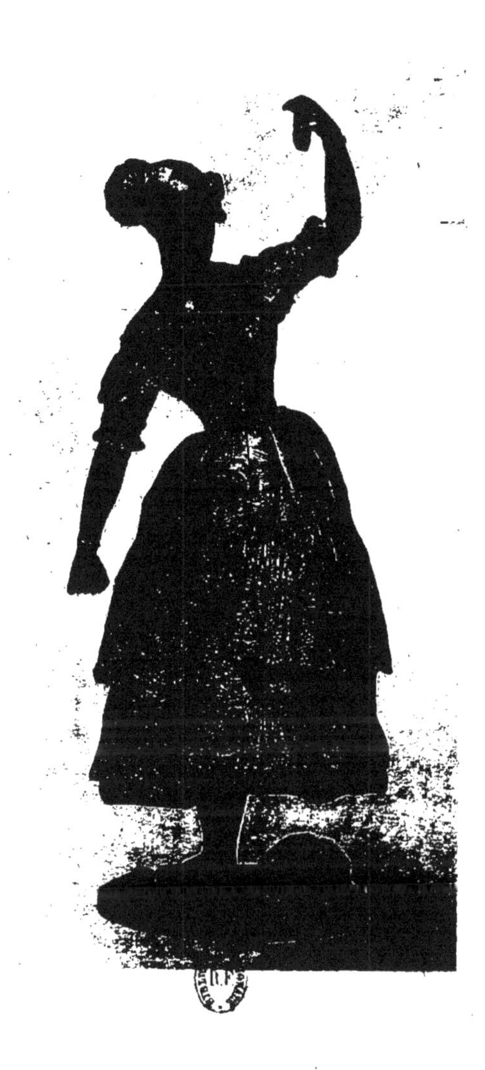

pure, une des inventions les plus fameuses de Rossini. Il détestait Rossini, il lui reprochait son style fleuri, brillant, extérieur, dont le succès détournait le goût public de l'art expressif où Gluck, Spontini et son maître, Lesueur avaient triomphé. Il eut dû, semble-t-il, lui savoir gré, dans un opéra dont le livret, au reste, était fait pour plaire aux Romantiques, d'avoir introduit une mélodie populaire selon un principe fécond dont tout l'art moderne n'a cessé de bénéficier, et Berlioz, tout le premier, dans *la Marche hongroise,* par exemple. Mais Rossini, de ce thème, a tiré des développements pittoresques, colorés, magnifique morceau de bravoure, où la poésie intime se subordonne à l'écriture prestigieuse. Ce n'est pas en l'entendant sous cette forme sonore, que le malheureux soldat dont parle Chateaubriand aurait déserté, fasciné par l'appel irrésistible des montagnes natales. L'âme, que Rossini avait laissée s'évaporer, est l'élément précieux auquel s'attache Berlioz; et voilà, semble-t-il, pourquoi il reprend le ranz des vaches, dont le charme nostalgique plonge l'artiste en « de délicieuses rêveries ». A tout instant, des réalités terrestres Berlioz nous entraîne dans le domaine des passions et, à la fin de cette partie, la peinture d'un orage matériel nous dit, en même temps, les orages du cœur. Pour figurer l'orage, Berlioz a introduit des sonorités singulières qui, de l'ordre des sons, passent presque dans celui des bruits et, par là, il semble prévoir et autoriser les hardiesses les plus contestées de nos compositeurs contemporains.

Jusqu'ici, *la Symphonie fantastique* n'a pas tenu les promesses que son titre formulait. Dans les deux dernières parties, elle va largement les justifier. Ici, nous touchons aux pires extravagances, aux divagations fébriles, nous côtoyons tout ce que le Romantisme a pu engendrer, un moment, de malsain, de factice et d'absurde. Tout est sauvé par la sincérité restée entière dans l'outrance, — le ton des lettres intimes de Berlioz montre à quel diapason il était monté — et, ce qui est essentiel, par le génie. *Marche au supplice.* « Dans un accès de désespoir », l'artiste « s'empoisonne avec de l'opium »; — on connaît l'épisode tragi-comique du suicide manqué de Berlioz quand il s'enfuyait de Rome; — « mais, au lieu de le tuer, le narcotique lui donne une horrible vision, pendant laquelle il croit avoir tué celle qu'il aime, être condamné à mort, et assister à sa propre exécution. Marche au supplice, cortège immense de bourreaux, de soldats, de peuple. » Dans la lumière, les armures étincellent, les uniformes bariolés flamboient, les bannières claquent au vent, le sabot des chevaux bat le sol en cadence, la foule se presse : c'est, transposé dans le langage musical, avec une redondance, une puissance vraiment hugoliennes, le plus magnifique défilé : tel le cortège, où la fiancée du timbalier cherche avec angoisse son promis. Sous l'oppression du cauchemar, l'hallucination se fait de plus en plus intense, l'orchestre se déchaîne en flots écrasants d'une écriture cependant toujours très nuancée, et, tout à coup, comme du fond d'un abîme surgit le motif de la bien-aimée. Un silence brusque... le couperet est tombé.

Le cauchemar s'achève dans le *Songe d'une nuit de Sabbat.* Quelques années auparavant, une idée toute voisine avait surgi dans le cerveau d'un homme, qu'on s'étonne peut-être de voir invoqué ici, dans le cerveau d'Ingres. « Il m'était venu l'idée, écrivait Ingres à Florence en 1821, que si je pouvais faire la musique d'une messe des morts, j'essayerais d'y ajouter certains prestiges pour produire des effets de pitié et de terreur inusités, à l'exemple des *Euménides* d'Eschyle. Je ferais

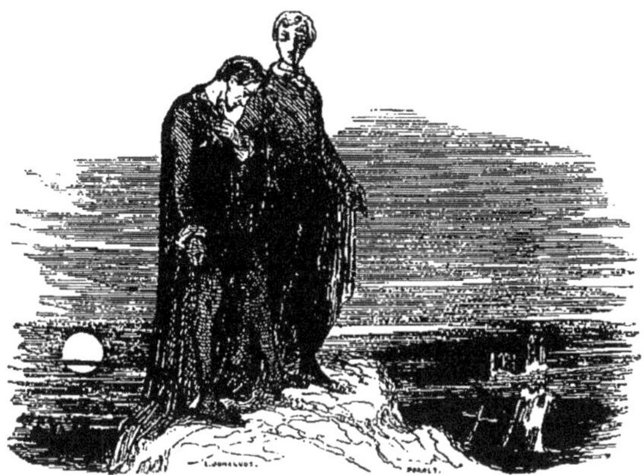

sortir de dessous terre des voix de trépassés, des hurlements, des effets d'orchestre à la Gluck... le ricanement des diables et le bruit des tortures des damnés... il y aurait la plus grande obscurité et la plus grande lumière, selon la situation des feux follets. » C'est presque le programme de Berlioz, sur lequel ont agi la méditation du *Faust* de Gœthe, — il venait, en 1828, de composer huit scènes, noyau de la future *Damnation* — et, sans doute, les lithographies publiées par Delacroix, cette même année 1828.

Foule grouillante de sorciers et de démons, sarcasmes, blasphèmes, coloration intense, surprenante, obtenue par une instrumentation dans laquelle, de nouveau et avec plus de hardiesse encore, aux sons tendent à s'associer les bruits. Au milieu de cette horreur, par une invention singulière, reparaît le thème de la bien-aimée : elle est venue au sabbat « pour assister au cortège funèbre de sa victime. Elle n'est plus qu'une courtisane digne de figurer dans une telle orgie. La phrase, qui disait naguère l'exaltation idéale, s'est métamorphosée : dérisoire, grotesque, triviale, ignoble ». Alors commence la cérémonie. Les cloches sonnent un glas monotone, implacable. Et voici qu'éclate le *Dies iræ.* Répété, parodié par la foule infernale, il s'élève, au-dessus des ricanements burlesques et de la ronde du sabbat, avec la plus poignante intensité.

Je m'excuse d'avoir insisté sur cette analyse. Plus, peut-être, que le *Requiem,* que la *Damnation,* la *Symphonie fantastique* définit, avec le génie de Berlioz, la musique romantique, cette musique « belle et bizarre, sauvage, convulsive et douloureuse », comme l'écrivait Alfred de Vigny, à propos du *Requiem,* art aux ardeurs excessives et aux aspirations fécondes.

Chopin est demeuré près de nous, toujours aimé, toujours actuel. Par des moyens tout différents, sans le secours de l'orchestration, sans prétextes définis, sans rien emprunter que de lui-même, il s'est toujours, comme Berlioz, adressé aux fibres secrètes. Gautier, dans une étude consacrée à Berlioz, a défini l'idée musicale romantique : « La rupture des vieux moules, la substitution de formes nouvelles aux invariables rythmes carrés, la richesse compliquée et savante de l'orchestre, la fidélité de la couleur locale », et tout cela a été réalisé particulièrement par Berlioz; — il ajoute « les effets inattendus de sonorité, la profondeur tumultueuse et shakespearienne des passions, les rêveries amoureuses ou mélancoliques, les nostalgies et les postulations de l'âme, les

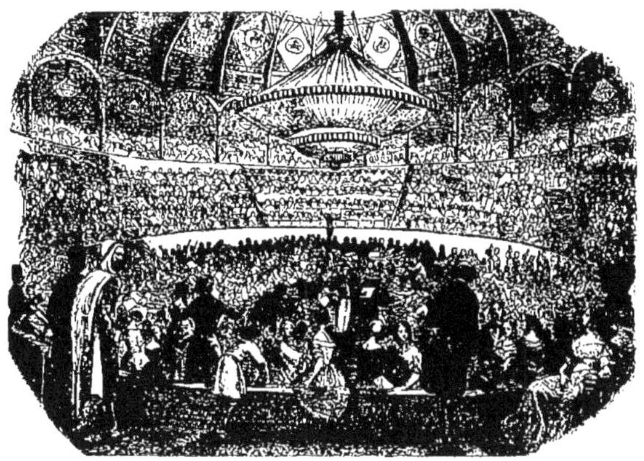

sentiments indéfinis et mystérieux que la parole ne peut rendre, et ce quelque chose de plus que tout, qui échappe aux mots et que font deviner les notes ». Cette pénétrante et lucide définition, juste pour Berlioz, ne suggère-t-elle pas, d'une façon irrésistible, l'image de Chopin?

Si Berlioz n'avait existé, si Chopin ne nous était revenu de Pologne, on serait embarrassé pour parler de musique romantique française. Le nom est oublié de Monpou qui écrivit des romances sur des poèmes de

Victor Hugo. Le 15 décembre 1844, Berlioz, dans son feuilleton des *Débats,* préconisait, avec une admiration enthousiaste, *le Désert* de Félicien David. L'originalité de la conception, une application neuve de la symphonie à programme, l'effort pour traduire les paysages, la couleur, l'infini et pour pénétrer l'âme même de l'Orient, étaient, certes, d'essence romantique, mais l'artiste s'était effacé derrière son œuvre, et cette discrétion, cette objectivité étaient tout opposées au Romantisme.

Deux noms glorieux suffisent pour l'histoire. Pourtant, dans une époque si riche en artistes plastiques, l'étonnement est grand qu'ils soient demeurés isolés. On incrimine, pour l'expliquer, le manque d'éducation et l'intolérance du public. Il y avait tout au moins quelques amateurs qui suivaient les concerts du Conservatoire. On a joué à Paris, en 1822, *Iphigénie* de Gluck, et, à tout prendre, une atmosphère défavorable peut entraîner l'échec ou les mécomptes des novateurs, elle n'empêche pas leur apparition.

Le public n'a aimé la musique qu'au théâtre ou plutôt il a aimé l'atmosphère brillante d'une salle mondaine; il s'est intéressé aux spectacles, aux livrets, aux évolutions des ballets, aux prouesses vocales de chanteurs et surtout de cantatrices d'une exceptionnelle virtuosité et il a, par surcroît, aimé la musique, quand elle était assez discrète ou assez facile pour se laisser écouter sans effort. L'opéra-comique, tel que l'ont conçu, sur paroles de Scribe, Auber ou Adam, a répondu admirablement à ces dispositions paresseuses, naturelles, à vrai dire, chez des ignorants et qui venaient, au théâtre, chercher distraction ou repos après des journées de travail. Delacroix lui-même, sur qui la musique exerçait une influence excitatrice et qui écoutait avec avidité les improvisations de Chopin, ne préférait-il pas à tout autre l'art, d'ailleurs exquis, de Cimarosa?

Opéra et opéra-comique sont assurément les aspects les plus périmés de la période que nous étudions.

En tout ordre, cependant, l'action plus ou moins marquée du Romantisme y est sensible. Elle s'est exercée, d'abord, sur la mise en scène, décors, costumes, figuration. Décors plus variés, plus colorés, plus riches, costumes pittoresques, déploiement de masses, au lieu de suggérer idéalement un cadre à l'action, concourent à produire l'illusion d'une vision directe. Tous les théâtres réclament une transformation pareille; elle est nécessaire aux drames de Victor Hugo et d'Alexandre Dumas. Nulle part elle n'est plus fastueuse qu'à l'Opéra. Ciceri et, à sa suite, Séchan ont adapté le décor à l'ambiance romantique : il n'est pas seulement riche, pittoresque, coloré, brossé, selon l'esprit nouveau, par larges accords, il tente des reconstitutions archéologiques; appuyé sur des enquêtes sérieuses, il évoque la vieille France, Venise, l'Italie, l'Orient. Des effets nouveaux sont demandés à l'éclairage, à la simple lampe à huile, tout d'abord, puis au gaz que Véron introduit à l'Opéra en 1834[1]. Le décor du cloître dans *Robert le Diable*, en 1831, chef-d'œuvre de Ciceri, produit une sensation durable. Ceux de *la Juive*, brossés par Séchan en 1835,

1. Il serait intéressant de chercher à préciser l'influence de la révolution progressive accomplie, au XIXe siècle, dans l'éclairage artificiel, sur la sensibilité rétinienne et sur le maniement, dans les arts, des effets lumineux et colorés.

émerveillent par leur magnificence. Pour monter *la Juive,* Duponchel a dépensé cent cinquante mille francs, chiffre qui paraît alors énorme. C'est que les costumes nécessitent aussi des sacrifices; il arrive que le dessin en soit demandé à Delacroix ou à Gavarni, et il ne s'agit plus d'habiller une demi-douzaine de licteurs, mais de faire manœuvrer des armées de figurants. La procession du cardinal légat au Concile de Constance, dans *la Juive,* dépassa toute attente et est demeurée célèbre.

Depuis Noverre, la tendance s'était manifestée d'associer, dans la chorégraphie, à l'élément plastique et acrobatique, l'expression des sentiments. Cette inclinaison était d'accord avec l'esprit du Romantisme. Elle se déploya avec éclat quand la Taglioni dansa la *Sylphide* et joignit, à des effets plastiques d'une hardiesse nouvelle, toute l'animation d'un drame mimé. Fanny Elssler sa rivale et, un peu après, Carlotta Grisi ne comprirent pas leur art avec moins d'intelligence et de sentiment.

Les textes, que les librettistes fournirent aux musiciens, se seraient prêtés, si ceux-ci l'avaient voulu, à l'art le plus valable et, aussi, le plus romantique. *Fra Diavolo* est tiré de *Jean Stogar; les Huguenots* sont inspirés des *Chroniques de Charles IX. La Muette de Portici, Robert le Diable, la Juive* invitaient au coloris, au pittoresque, aux élans de la passion. L'indigence des paroles ne laissait que plus de champ à la verve des compositeurs.

Ceux-ci, d'autre part, avaient, à leur service, des ressources d'instrumentation qui semblaient s'offrir, à point nommé, pour autoriser des effets plus étoffés et plus contrastés. Coup sur coup, le piston, le cornet à piston, le bugle, la série des Sax et des tubas transformaient l'usage des instruments à vent.

Ainsi, sans parler des interprètes, dont quelques-uns, après un siècle écoulé, sont demeurés célèbres,

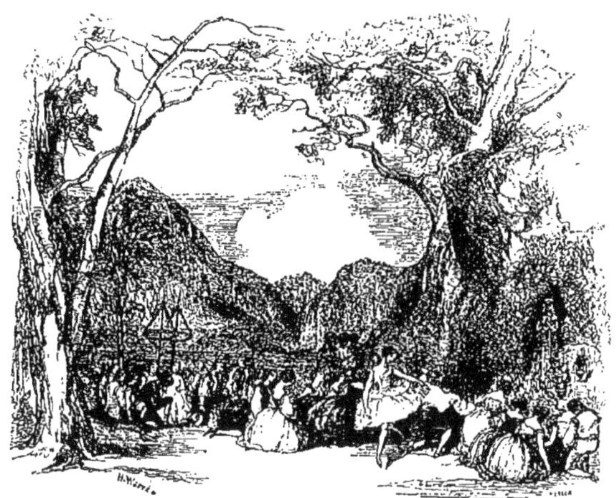

les musiciens disposaient d'éléments que les époques antérieures auraient pu leur envier. Le public, lui-même, malgré les justes griefs que l'on a accumulés contre lui, avait, sous l'Empire, accueilli avec enthousiasme *les Bardes* de Lesueur et *la Vestale* de Spontini. Il ne se dérobait pas à la grandeur passionnée de Gluck. Désorienté par le génie de Berlioz, il se serait prêté à des efforts moins âpres. Il était possible, dans des régions modérées, de le toucher avec un art sincère, nuancé, de haute tenue. La faveur de Boieldieu, le succès de *la Dame blanche* en 1826, les applaudissements qui saluèrent *Zampa* et *le Pré aux clercs,* écrits par Hérold avec un souci de vigueur et d'accent, en sont garants. Le public ne redoutait pas, il attendait, bien plutôt, le déchaînement de l'orchestre : les triomphes de Meyerbeer et d'Halévy en témoignent et, sans doute, il serait arrivé à aimer *le Freyschütz* dont on lui offrit une adaptation édulcorée. L'accueil fait aux maîtres italiens venus en France, à Donizetti, avec *la Fille du régiment* et *la Favorite,* à Bellini, avec *les Puritains,* et l'apothéose de Rossini, avec *Guillaume Tell,* la vogue du théâtre italien n'étaient pas des obstacles à l'épanouissement d'un art français.

Le goût public ne se serait pas engourdi si Auber ne l'avait bercé des mélodies fades et pauvres qu'il prodiguait avec une intarissable et déplorable facilité, si Adam avait déployé une verve moins vulgaire. L'écriture grosse, les effets massifs, l'orchestration élémentaire et bruyante de Meyerbeer et d'Halévy trompèrent des auditeurs bien intentionnés qui s'imaginaient communier avec des conceptions grandioses.

Les mauvais bergers ont endormi le troupeau. Malgré Berlioz et Chopin, l'époque romantique a marqué, pour la musique française, un temps de recul.

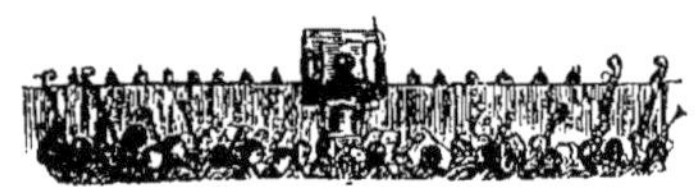

# La Peinture romantique

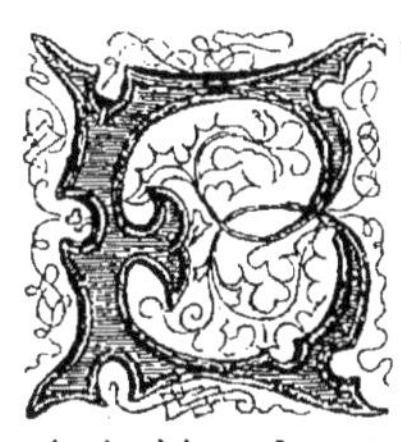

UGÈNE DELACROIX est, si l'on emprunte l'expression d'Emerson, un homme représentatif; si l'on préfère le terme de Carlyle, il est un héros. Sa gloire n'est pas seulement d'avoir produit des chefs-d'œuvre, caractéristiques de leur temps et à jamais admirables. Les toiles maîtresses prennent, quand on les rassemble, une signification intense; elles font partie d'une production magnifique et féconde, dont la moindre page est significative. Pénétré de la même sève, l'œuvre de Delacroix révèle, avec un grand peintre, une des plus nobles, une des plus attachantes figures qui aient honoré le génie humain. Il a été un original, un puissant coloriste, mais il s'irritait quand on affectait de n'honorer en lui qu'une « sublime palette ». Il tenait la peinture pour un langage subtil, supérieur à la littérature trop positive. « Le beau de cette industrie, proclamait-il avec une familière énergie, consiste dans des choses que la parole n'est pas habile à exprimer. » « L'écrivain, notait-il dans son *Journal*, dès 1822, dit presque tout pour être compris. Dans la peinture, il s'établit comme un pont mystérieux entre l'âme des personnages et celle du spectateur. Il voit les figures de la nature extérieure, mais il pense intérieurement de la vraie pensée qui est commune à tous les hommes, à laquelle quelques-uns donnent un corps en l'écrivant, mais en altérant son essence déliée; aussi, les esprits grossiers sont plus émus des écrivains que des musiciens et des peintres. » Notez le rapprochement : pour Delacroix, la peinture est sœur de la musique; comme elle, elle est « intime au cœur de l'homme ». Elle atteint les régions secrètes où la logique ne saurait pénétrer.

L'imagination de Delacroix ne lui propose pas des surfaces, des volumes ou des taches colorées. Elle lui ouvre un monde où des êtres palpitants projettent leurs passions sur tout ce qui les entoure. Suggérés par la fiction ou par l'histoire, il les voit, il les touche : ils sont lymphatiques ou nerveux, pâles ou sanguins; la respiration soulève leur poitrine; leurs gestes sont commandés par le jeu de leurs muscles, avec aisance ou avec effort. Le Turc lointain, saint Louis, Trajan, Démosthène, les héros inventés par Shakespeare et Byron, le Christ, les allégories même s'offrent à Delacroix avec la même évidence charnelle que le gamin de Paris ou l'étudiant cent fois coudoyés. Leurs costumes, leurs demeures, les paysages et le ciel surgissent avec une réalité pareille : partout la vie circule. Aux sensations colorées et tactiles s'ajoutent les impressions qui frappent les autres sens : les fanfares éclatent, des parfums lourds flottent dans l'air, la tempête fait trembler de froid.

Delacroix est présent au Jardin des olives et à la prise de Constantinople par les Croisés; il n'y est pas uniquement en spectateur. Ce n'est ni la curiosité ni l'attrait d'une scène pittoresque rencontrée au cours de ses lectures qui ont arrêté son intention, et déterminé son choix. Il s'est retrouvé dans un personnage, il a

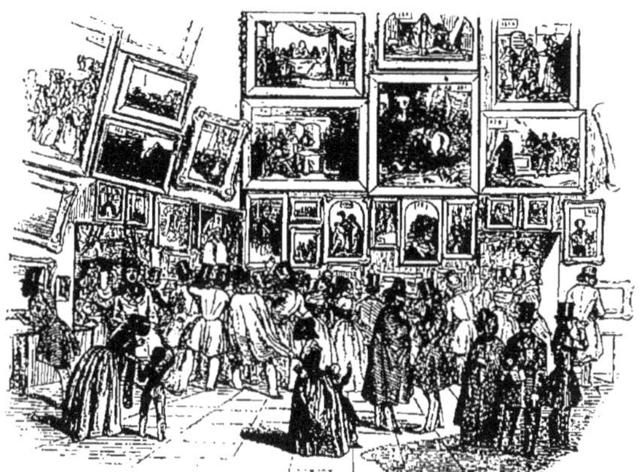

reconnu un secret rapport entre le caractère d'une situation et ses dispositions propres, ou encore il a été remué profondément; de toute façon, s'il a pris ses pinceaux, c'est par besoin de dire ce qu'il sentait en lui. A travers tant de sujets ou tant de prétextes, c'est toujours son âme qu'il nous livre : il est un lyrique par images interposées.

C'est pourquoi l'on ne verra pas, dans son œuvre, de morceau de bravoure, d'accessoire traité pour lui-même. Le soleil ne luit, les étoffes ne chatoient, les gemmes ne brillent que pour s'associer à l'émotion dominante : tout se tient dans ce microcosme qui est une toile, et la lumière se fait, tour à tour, chaude, claire ou sourde, selon que la paix, l'enthousiasme ou l'abattement président à l'élaboration de l'œuvre.

Au seuil de la vie, l'imagination de Delacroix est, à la fois, héroïque et sombre : le drame le hante, non pour la compassion ou l'horreur qu'il soulève, mais parce qu'il pèse sur l'homme; nous sommes destinés à souffrir, la grandeur est dans la résignation. Une philosophie altière, stoïque, très proche de l'attitude de Vigny. Dante, sur la barque de Phlégyas, tressaille de découvrir tant de douleurs, mais Virgile, le maître de la sagesse, les sait invincibles et refrène son cœur. Parmi les damnés, il en est qui vibrent éternellement de leurs colères, d'autres essayent de se soustraire au châtiment, mais l'un d'eux, les yeux clos, s'abandonne, sans y consentir, à son supplice. Au milieu des horreurs du massacre de Scio, près des jeunes filles que l'on enlève, des mères suppliantes, des femmes agonisantes, des enfants qui gémissent, un Grec blessé oppose au barbare l'impassibilité. L'île naguère splendide, le ciel radieux, les parures joyeuses à présent souillées, la désolation là où la nature avait versé l'allégresse, ne lui arracheront aucune plainte dont le Turc puisse se glorifier. Le Christ, malgré le chœur pitoyable des anges, réclame, en vain, le secours du Père, au Jardin des olives. Sardanapale assiste, sans tressaillir, à la destruction des trésors uniques dont il avait orné une vie de faste et de volupté. Un ciel noir pèse, sinistre et morne, sur les champs de bataille de Nancy et de Poitiers. Joignez à cela l'orgie bestiale sous les sombres voûtes du palais de l'Évêque de Liége, la neurasthénie d'Hamlet, le supplice de Marino Faliero, les épisodes de la guerre des Grecs et les jeux cruels des grands fauves. Pendant toute une période, Delacroix est obsédé par des images sanglantes ou funèbres :

Delacroix, lac de sang hanté des mauvais anges,
Ombragé par un bois de sapins, toujours vert,
Où, sous un œil chagrin, des fanfares étranges
Passent comme un soupir étouffé de Weber.

Définition générale, mais partielle. La Révolution de 1830 arrache Delacroix à ses rêves, elle lui inspire une page enthousiaste et si, le lendemain, la réalité redevient plate, s'il rentre dans le silence de l'atelier, une transformation s'opère en lui. La maturité, d'abord, qui amène, avec elle, le calme, l'atmosphère générale de moins en moins fiévreuse, le voyage au Maroc et à Alger, les grandes commandes de compositions monumentales, tout provoque une détente et favorise un magnifique épanouissement. Sans doute, il n'oubliera jamais ses premières inquiétudes : *Le Prisonnier de Chillon, Médée, le Naufrage de Don Juan* traduiront la même philosophie pessimiste et altière. En 1855, à une heure où l'art et la France sont bien éloignés des élans de naguère, il trouvera, pour *les Deux Foscari,* les accents les plus désespérés et l'on ne saurait imaginer d'antithèse plus romantique, de drame plus poignant : un fils sort, pantelant, de la chambre des tortures, il implore, avant de partir en exil, un regard de son père, et ce père, le Doge de Venise, écrasé par un devoir implacable, contraint à l'impassibilité, baisse les yeux. Jusqu'au dernier jour, Delacroix reprendra les thèmes d'abord préférés;

il redira *Marguerite, Hamlet* et *Ophélie*. Mais, à côté de ces retours constants, un peintre apaisé est surgi. C'est le harem des femmes d'Alger aux languides et caressantes harmonies, la joie bruyante de *la Noce juive*, l'imposant accueil d'Abd-er-Rhaman, le tapage des fantasias, beaux cavaliers, chevaux nerveux, mouvement, couleur et lumière, une féerie pour l'œil. Immédiatement après, les grandes pages où se marque une ascension manifeste vers la sérénité. On se bat furieusement sur les berges fangeuses, aux abords du pont de Taillebourg. Des soldats hâves se cramponnent après les pierres, mais, parmi le désordre des corps morts et des chevaux abattus, on prévoit la victoire du roi justicier, seul calme au cœur de la mêlée. Les barbares d'Occident qui, en 1204, mirent à sac Constantinople, s'attaquaient au seul foyer survivant de la civilisation antique rénovée par l'apport du Christianisme et de l'Orient. Mais nous avons peu de tendresse pour les Byzantins; le programme imposait à l'artiste la glorification des Croisés; s'il ne les a pas rendus sympathiques, il les a montrés puissants, et l'acuité du drame se subordonne à la vision splendide de la ville et de la Corne d'Or céruléennes et au spectacle d'une désolation qui se pare de marbres, d'étoffes précieuses et de gemmes. Quand Trajan, prêt à combattre les Daces, s'avance à la tête de son armée, notre pitié, certes, ne se refuse pas à la mère qui se jette à ses pieds et réclame le châtiment du meurtrier de son enfant; pourtant, ni la douleur de cette malheureuse, ni le cadavre de la petite victime ne nous retiennent et, assurés que prompte justice sera faite, notre attention est conquise par le cortège magnifique, par les fanfares, l'air

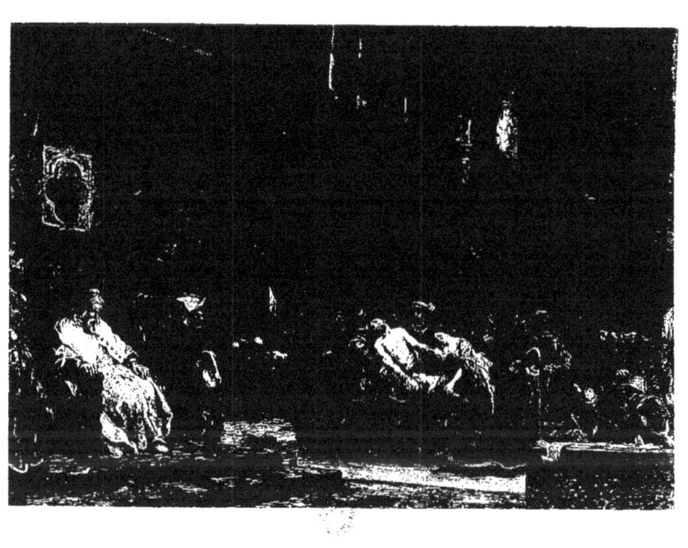

qui poudroie sous le soleil, les contrastes vifs de lumière et d'ombre, le cheval blanc, tout ce tumulte, toute cette vie, dominée par la majestueuse et bienveillante figure du César.

Le sentiment demeure humain, mais il s'est dégagé du mal du siècle. En même temps, Delacroix a entrepris de grandes décorations monumentales, et les murailles lui ont imposé l'apaisement. Un premier cycle, le salon du Roi au Palais-Bourbon s'interdit tout appel à la sensibilité. L'artiste, qui a toujours proclamé les droits de l'allégorie, a représenté les fleuves de France, la Justice, l'Abondance, le Commerce. Ces thèmes lui inspirent des images d'allégresse : il les développe avec bonheur, mais d'un cœur indifférent; c'est presque une abdication. Par contraste, une pensée puissante, une belle envergure philosophique commandent la décoration des bibliothèques du Palais-Bourbon et du Luxembourg. Sous deux formes différentes, avec une pareille autorité, Delacroix y célèbre l'apologie de la civilisation classique. Au Luxembourg, deux compositions symboliques : Alexandre fait enfermer les poèmes d'Homère dans une cassette d'or, et, sans qu'aucun rapprochement d'aucun ordre ne paraisse possible, la même ferveur se lit que dans l'apothéose entonnée par Ingres. Dante et Virgile visitent le séjour des sages antiques. Delacroix, débutant, nous avait montré les divins poètes parmi l'horreur des éternels supplices. Ils s'avancent, à présent, dans le cercle paisible de ceux qui vivront éternellement par l'esprit.

Au Palais-Bourbon, deux hémicycles et cinq coupoles déroulent en vingt-deux épisodes le cycle de la sagesse classique. Il s'ouvre par le mythe d'Orphée et se termine par une catastrophe : l'invasion d'Attila. Quelques scènes sont émouvantes, la plupart n'appellent qu'une délectation paisible. Dans les dernières décorations, le drame reparaîtra, mais à la galerie d'Apollon, au Louvre, comme à la chapelle des Saints Anges à Saint-Sulpice, la lutte d'Apollon contre le serpent Python, de Jacob contre

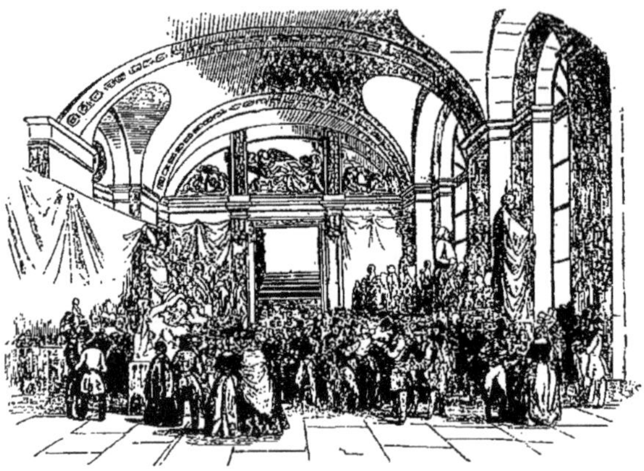

l'Ange, des milices célestes contre Héliodore, se termine par le triomphe des forces spirituelles. L'évolution de Delacroix épouse la courbe même de celle du siècle : commencé dans la prostration, son œuvre s'achève dans l'apologie de l'effort humain.

Cet esprit supérieur a été un technicien novateur et génial. Dès ses débuts, avant qu'elles eussent été énoncées, il a eu l'intuition des lois optiques que Chevreul allait bientôt exposer. Il les a, d'abord, appliquées par instinct, puis d'une façon consciente et systématique.

Divisant les tons, réclamant à l'œil du spectateur une collaboration constante, jouant avec sûreté sur un clavier très étendu, il a, comme le pressentait Baudelaire et comme l'a démontré M. Signac, annoncé ou plutôt commencé la révolution impressionniste. Sans doute, il a été aiguillé par l'étude de Rubens et des Vénitiens, par la leçon des Anglais, de Constable, de son ami Bonington, mais il a franchi le pas décisif. Son rôle ne saurait être exagéré.

Dessinateur, il n'est pas moins exemplaire; on l'a longtemps nié, on s'accorde à le proclamer aujourd'hui. Avec Ingres et Daumier, selon la remarque de Baudelaire, et aussi avec Corot, il a contribué à créer le dessin moderne, ce dessin frémissant, qui ne vise ni à la netteté d'une épure ni à une exactitude littérale, mais interprète en toute souplesse le caractère et la vie, se prête aux subtiles intentions et épouse toutes les nuances de la sensibilité de l'artiste. Ingres, d'un trait, conduit avec une justesse impeccable, définit à la fois le modelé et les contours, il enveloppe les formes en caressantes inflexions. Corot couvre le papier d'un réseau enchevêtré de traits ténus dont l'apparente confusion surprend, sans la figer, la poésie des choses. Daumier écrase le trait, définit le modèle, d'un crayon synthétique et volontaire; il frappe fort et juste, mais il renonce progressivement à la puissance qu'il avait, d'abord, conquise, pour tendre à un langage elliptique, capable de fixer les aspects fugitifs et imprévus. Bien qu'on ait dit que sa main tremblait, Delacroix est capable, quand il veut noter un document, de le faire avec une netteté aiguë et la perfection écrite d'une miniature persane. Mais il poursuit autre chose : par le dessin il veut saisir les volumes et le mouvement. Ses méthodes sont d'une extraordinaire diversité : il se sert de la plume, du crayon, du lavis. Le plus souvent il affirme le contour, mais il lui arrive de le supprimer totalement; ainsi dans les admirables lithographies d'après des médailles antiques. Son procédé le plus caractéristique consiste à tracer des séries d'oves qui suggèrent les masses; il le tient de Géricault et il en use surtout quand il cherche une composition. Il le manie avec une aisance, une puissance d'évocation uniques. S'il a constamment dérouté le public et s'est fait accuser, de bonne foi, de ne savoir pas dessiner, c'est, d'abord, parce qu'il n'avait aucun soin de ce fini extérieur, de cette calligraphie sèche qui, au prix de contresens intimes, rendent une page lisible aux ignorants; c'est, surtout, parce qu'il a exprimé le mouvement d'une façon originale et imprévue. Nous ne faisons guère attention qu'aux mouvements parfaitement développés ou achevés. Ce sont ceux que les acteurs tragiques soulignent au théâtre. David et son école les ont encore accusés : jarrets tendus, bras levés au ciel, mimique expressive, emphatique et outrée. Delacroix saisit au vol le geste tandis qu'il s'accomplit, moins sensible à la cadence des formes déployées qu'au devenir, au jeu des forces physiologiques en action. De là un vocabulaire neuf qui annonce les audaces de Degas.

Delacroix, certes, a accompli sa destinée. Dirai-je qu'il est encore plus grand que ce qu'il a réalisé? *La Liberté aux barricades, Boissy d'Anglas* montrent qu'en une autre période, son œuvre aurait pu être aussi riche et tout différent; les portraits qu'il a peints témoignent,

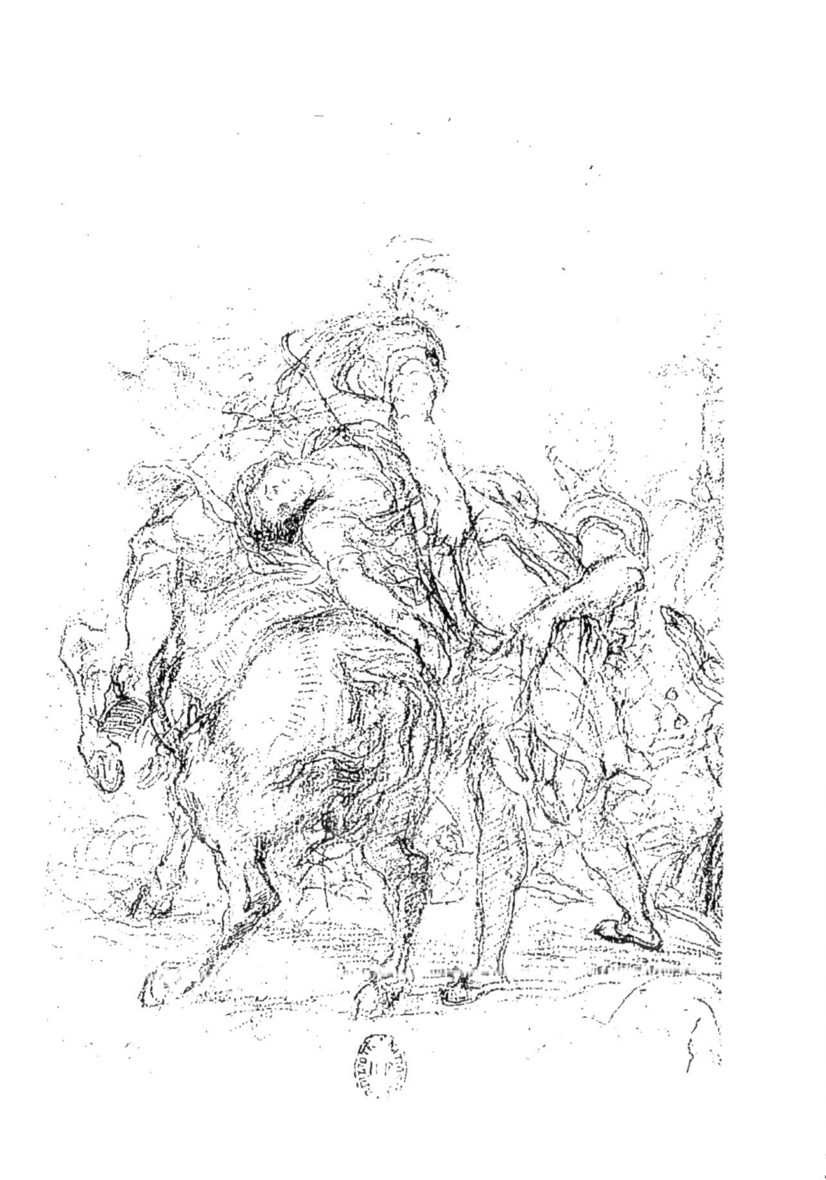

malgré sa répugnance pour ce genre, qu'il eût pu être un grand portraitiste et, si l'on examine les croquis de paysages, dessins et aquarelles, qu'il faisait, par délassement, à la campagne, on y découvre, alliés à une sincérité ingénue, une fraîcheur et un bonheur rares de notation ; il eût été, s'il l'eût voulu, un maître du paysage.

De ceux qui, autour de Delacroix jeune, frappèrent avec le plus d'éclat les premiers coups, peignirent avec le plus de fougue et contribuèrent efficacement à la libération technique, pas un n'a eu l'heur de soutenir jusqu'au bout l'éclat de ses débuts. Quelques-uns, qui avaient été portés au-dessus d'eux-mêmes par l'exaltation généreuse du moment, retombèrent d'une chute plus ou moins complète et lourde, tels Eugène Devéria, Champmartin ou Louis Boulanger. Sigalon se découragea. Ary Scheffer évolua vers un autre idéal. Poterlet mourut à l'aurore même de sa carrière. Tous comptent, néanmoins, et l'on n'aurait qu'une idée incomplète de ce que fut la peinture romantique si l'on négligeait *la Naissance de Henri IV,* de Devéria ; *le Massacre des Janissaires,* de Champmartin; *le Mazeppa,* de Boulanger; *la Courtisane* et, surtout, *l'Athalie,* de Sigalon ; *les Femmes souliotes* et *la Mort de Gaston de Foix,* d'Ary Scheffer ; *la dispute de Vadius et de Trissotin,* de Poterlet. Pages incomplètes, incorrectes, mais vaillantes, où furent revendiqués, avec une fougue juvénile, les droits du pittoresque, de la couleur, de la vie; pages où, après un long carême, se déchaînait la joie de peindre.

Ary Scheffer, au reste, même quand il se fut converti à la peinture abstraite, ne renonça pas, comme peintre de portraits, aux séductions de la palette. Au *Talleyrand,* à *Mademoiselle de Fauveau,* succéda toute une galerie d'effigies vivantes. Plusieurs sont réunies à Versailles; on ne leur a pas encore rendu justice. D'une façon générale, l'importance des portraits romantiques n'a pas été assez soulignée. Influencés par Velasquez, Titien et, plus directement, par les Anglais, ils ont, parfois, un accent pénétrant et sont, toujours, des morceaux de peinture. Ceux de Delacroix, *George Sand, Chopin,* sa propre image, sont des témoignages éloquents. Mais les pages les plus typiques n'ont pas été signées par les artistes les plus connus et, à côté de *Madame de Mirbel,* par Champmartin, du *Général Dwernicki,* par Jean Gigoux, *Antonin Moine,* par M^me^ Déhérain et, au premier rang, le *Baudelaire,* de Deroy, méritent de n'être pas oubliés.

Les plus heureux, parmi les Romantiques, furent ceux qui, étrangers aux grandes passions, limitèrent leurs ambitions et, sans viser aux sommets, se contentèrent de cheminer à mi-côte. Sans envergure, sans profondeur, occupés uniquement par leur art, mais observateurs spirituels, et artistes délicats, ils ont, dans le domaine qu'ils s'étaient assigné, réalisé des pages complètes. Ils ont été vraiment des petits maîtres. Si le Romantisme n'avait pas eu d'autres représentants, nous le trouverions singulièrement étroit, mais s'ils manquaient, bien des joies subtiles nous seraient refusées[1]. Eugène Lami, Isabey, Diaz, Roqueplan ont dépensé leur verve en menus

1. La voie leur fut ouverte par l'exquis et infortuné Bonington, cet Anglais, élève de Gros, ami de Delacroix, doué de la sensibilité visuelle la plus raffinée, lithographe, peintre et aquarelliste de génie, qui savait faire chanter les pierres des vieilles villes de Rouen, de Versailles comme de Venise, demandait à l'anecdote historique les prétextes de féeries colorées, et rivalisait de splendeur avec les gemmes, Bonington, mort à vingt-sept ans, en 1828.

et savoureux chefs-d'œuvre. Dans le cadre doré, que le goût du temps voulait large, et chargé d'un décor compliqué, la touche est grasse; un tripotage, un papillotage de couleurs chante en accords alliciants. Le plus parfait en son genre est Eugène Lami parce que, très

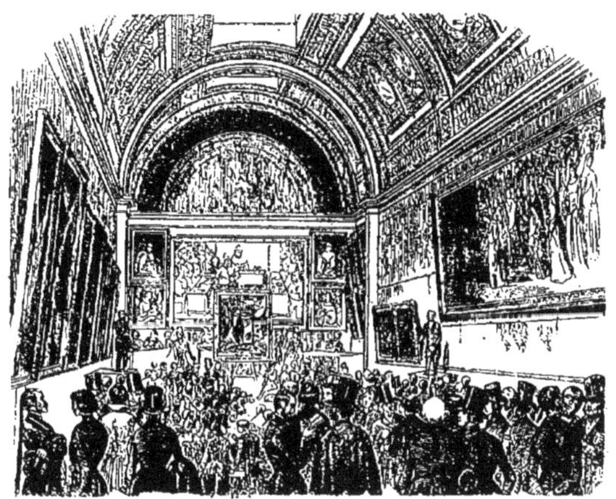

conscient de ses forces, il a évité de s'aventurer hors des sujets où il excellait. Il a traité de menues scènes historiques vues par le petit bout de la lorgnette; il a surtout été un charmant et savoureux narrateur des mœurs élégantes de son temps, fidèle mais non pas réaliste, car la vérité ne l'arrêtait que lorsqu'elle prêtait à des peintures chaudes ou à de chatoyantes aquarelles. Isabey et Diaz se sont partagés : le premier a été, en même temps, un beau peintre de marine, et le second un maître du paysage. Isabey, au milieu de décors truculents ou splendides, fait grouiller des foules ou se dérouler des cortèges bigarrés; le blanc et le gris jouent parmi les notes vives. Diaz, avec une complaisance parfois excessive, enlève, sur la pénombre des frondaisons, les corps palpitants et nacrés de jeunes filles et de nymphes; Roqueplan, versatile, a, d'abord, été dramatique sur des thèmes empruntés à Walter Scott; il est plus libre quand il se complaît aux morceaux de facture. Il n'a pas évité de fâcheuses déviations.

Les œuvres que nous évoquons ne pouvaient susciter de colères, elles trouvèrent aussitôt leurs amateurs. Mais leur tenue écartait d'elles le gros public : pour les apprécier, il fallait aimer la peinture. Du joli il était aisé de passer au facile; un fini apparent, des agréments superficiels obtiendraient des succès populaires. Roqueplan se laissa tenter. *Le Lion amoureux,* en 1836, eut la consécration que le peintre avait souhaitée. Nul dans cette voie ne courtisa la foule avec moins de vergogne que Winterhalter, auteur d'un *Décaméron* aguichant et peintre fade de la famille de Louis-Philippe. Avec plus de discrétion, Clément Boulanger ou Henri Baron peignirent, d'un métier spécieux, de jolis mensonges. Il ne faut pas les prendre tout à fait au sérieux, il y aurait rigorisme pédant à ne point s'y plaire.

J'ai réservé Decamps, tour à tour porté aux nues et honni et qui est, en son genre, une des plus fortes personnalités du Romantisme. Son art est extrêmement limité. Bien qu'il ait, à ses heures, affecté le style, évoqué Samson, les luttes de Marius contre les Cimbres et même abordé la peinture religieuse, il n'est qu'un extraordinaire ouvrier. Jamais pensée ne fut plus indifférente ou plus absente que la sienne. Au milieu d'une génération fébrile, il est d'une exaspérante apathie. Il nous raconte une scène abominable, *le Supplice des crochets :* c'est pour nous faire admirer la splendeur du ciel et le pittoresque d'une foule en Orient. Il présente un vieux mendiant : c'est qu'en ses vêtements sordides il a découvert de curieux rapports de tons. Orientaux ou Français sont, pour lui, des êtres animés mais non pas pensants. Il les traite comme il fait les animaux et il n'est jamais plus à son fait que lorsqu'il nous offre *un Singe peintre*. Ses œuvres, évidemment, n'appellent pas le commentaire littéraire; elles pourraient éviter cet écueil sans être vides pour l'esprit.

Il est passionné de métier et il se tourmente pour ne rien laisser évaporer des subtilités de ses intentions. Par là, il se retrouve de son temps; son inquiétude est au bout de ses pinceaux. Il se livre à une mystérieuse alchimie, étudie papiers, toiles, combine, selon une savante cuisine, huile, siccatifs, aquarelle, expérimente des ingrédients. Il reprend sans cesse, empâte, surcharge; les plaisants disent qu'il maçonne ses tableaux à la truelle et conseillent de les regarder de profil. En tous ces effets, peu de nouveauté véritable. Son dessin est très arrêté, caractérisé, sommaire plutôt que synthétique, appuyé plutôt que puissant. On ne s'étonne pas que Decamps ait réussi dans la caricature, car il aime à souligner le trait qui frappe. Entre ses méthodes et celles de Daumier, les ressemblances sont immédiatement visibles : elles sont superficielles. Ce qu'il y a de moderne, chez Daumier, l'expression elliptique, l'instantané imprévu est étranger à Decamps. Il n'est pas non plus exemplaire comme coloriste : son travail compliqué n'ouvre aucun horizon nouveau. Son action sur l'évolution de la peinture a été négligeable. Coloriste il est, d'ailleurs, affligé d'une infirmité choquante : il est peu sensible à la perspective aérienne, ignore la légèreté de l'atmosphère; ses valeurs ne sont pas justes. Il a peint d'éblouissants couchers de soleil, mais ils sont agatisés.

Ceci dit, il y a chez Decamps une intensité, un souci de perfection précieuse qui le classent très haut. A l'inverse des petits maîtres que je viens d'évoquer, il n'est ni facile, ni spontané. Qu'il peigne des enfants turcs, un paysage d'Orient, des sonneurs de cloches, un rémouleur ou des paysans catalans, le sujet peut être mesquin, la scène peu évocatrice, il fait toujours œuvre. L'exécution est conduite avec un raffinement exceptionnel : quelques parties l'ont arrêté, non les plus importantes pour le sujet ou pour l'intérêt plastique; il chante un mur lépreux baigné par le soleil, une culotte usée, quelques haillons splendides : ce qui l'attire ne méritait peut-être pas tant de soins, mais il y découvre des beautés que nous n'y pouvions soupçonner, il leur confère une richesse chimérique et touche presque à la peinture pure.

Grands ou petits, les Romantiques ont, toujours, subordonné le sujet à la conception artistique et c'est, nous le savons, l'origine de leur malentendu avec le public. Il s'est trouvé des esprits, sincères assurément, mais moins doués, moins nés pour la peinture, qui se sont emparés des sujets à la mode et les ont traités d'une façon plus accessible. Les uns y appliquèrent les formules davidiennes et, comme Léopold Robert ou Schnetz, célébrèrent les bandits et les paysans italiens de leur temps,

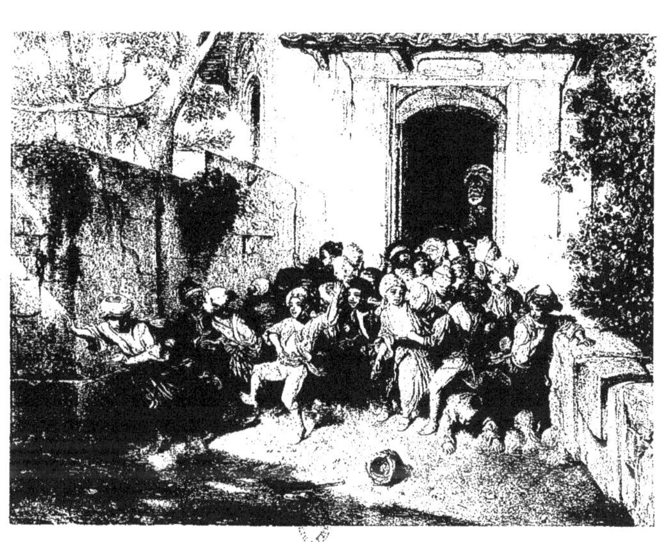

selon les règles admises pour les Atrides. Robert Fleury, sans renoncer aux traditions de l'école, assouplit un peu son dessin et réchauffa sa palette auprès des toiles de musée dont il imitait ingénuement la patine. Paul Delaroche garda une grande propreté, une correction apparente, il y joignit, à l'occasion, un coloris spécieux, se donna, sans conviction solide et sans idéal déterminé, des apparences de maîtrise, mais, habile metteur en scène, doué d'un sens dramatique remarquable, il chercha, toujours, l'intérêt en dehors de la peinture et, à ses meilleures heures, il ne fit jamais que des tableaux vivants. Quelques portraits attestent seuls des qualités de peintre. Horace Vernet, doué d'une habileté prodigieuse et d'une fécondité inlassable, eut, au plus haut degré, les mérites qui attirent la foule. Illustrateur né, il ordonna, sur des petites toiles et, avec la même aisance, sur des parois gigantesques, des scènes militaires d'une netteté parfaite, d'une exactitude étroite et sèche, susceptibles ou désireuses de créer l'illusion de la réalité. Batailles de l'Empire, épisodes de la conquête de l'Algérie eurent un succès populaire auquel l'art avait peu de part. Ces peintres, d'autres qui ne les valaient pas, usurpèrent une faveur dont les maîtres véritables étaient privés. Faux Romantiques, hommes du « juste-milieu », leur renommée viagère s'est effondrée.

Les Romantiques avaient-ils raison qui, vers 1824, considérèrent Ingres comme l'un des leurs? Le Romantisme pictural a-t-il eu deux faces et Ingres a-t-il régné sur l'une de ses deux provinces? Bien des traits pourraient être assemblées pour étayer cette assertion paradoxale. Ingres, au moment où, en 1825, il fut brusquement appelé par l'Institut à la défense des bonnes doctrines, avait quarante-cinq ans. Toute sa carrière, jusque-là — nous l'avons rappelé dans les premières pages de ce livre — avait été celle d'un indépendant et d'un révolté et, s'il était mort à cette date, il aurait laissé la mémoire d'un précurseur de l'art libre. Il avait demandé des thèmes à Ossian, à Dante, aux chroniqueurs, à l'anecdote historique. Il avait, conseillé par les vases grecs, par les primitifs florentins et par Raphaël, développé un goût tout personnel du dessin, montré, dans la couleur, des instincts peu suivis, avec une prédilection pour des harmonies acides très particulières. Dans des toiles où il peignait *Roger délivrant Angélique* et non *Persée libérateur d'Andromède*, des *Odalisques* et non des *Vénus couchées*, il avait préconisé un type de beauté qui ne devait rien à l'antique; ses portraits peints et dessinés affirmaient un sens aigu du moderne et il avait, chez *Madame de Sénones*, traduit la mélancolie du siècle. A quarante-cinq ans, on peut se convertir, on ne se métamorphose pas. Il est demeuré nerveux, impulsif, violent, sujet à de véritables crises de neurasthénie. L'interruption lamentable des grands travaux entrepris à Dampierre ne peut autrement s'expliquer. Il a gardé son indomptable orgueil, son intransigeance, sa susceptibilité, boudant le public, en guerre sourde perpétuelle avec ses nouveaux alliés. S'il vaticine avec l'assurance absolue qu'il détient la vérité, on sent bien qu'elle n'est pas, chez lui, née de méditations rationnelles : elle l'illumine, il a la foi.

Sans doute, il se sent lié par le rôle qu'il a assumé : il croit nécessaire de produire des tableaux-manifestes, ainsi *le Martyre de saint Symphorien,* fort mal accueilli au Salon de 1834, et la *Stratonice* qui, au contraire, alla aux nues, en 1840, et où, d'ailleurs, il adopte des doctrines, alors hasardées, sur l'architecture polychrome grecque. Même en ces œuvres, où il se contraint, et plus encore dans l'*Apothéose d'Homère,* l'accent individuel

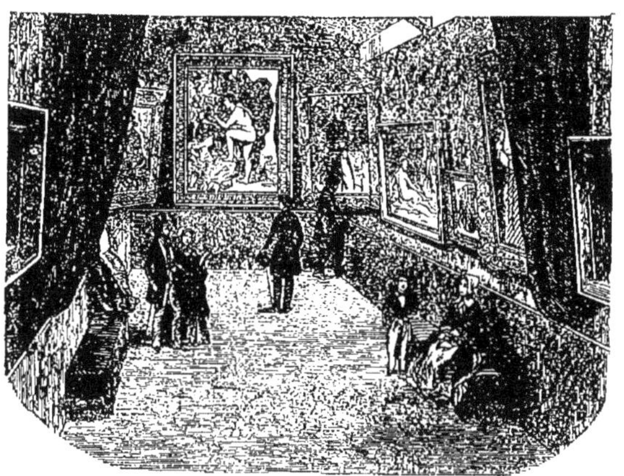

persiste, mais, dans l'instant qu'il prêche le carême, toute l'ardeur du tempérament reparaît dans l'*Odalisque à l'esclave* de 1842. Corps lové d'une femme aux formes enveloppées, au charme sensuel et alangui tel qu'il les a toujours aimées, rêverie d'Orient où s'associent les étoffes précieuses, les bijoux, le charme des parcs et où flottent, avec de la musique, des parfums subtils; poème conduit avec l'application et la finesse d'un miniaturiste persan, conçu avec tous les raffinements d'un contemporain de Baudelaire. A cette heure, il se prépare à dessiner pour Dampierre, d'admirables variations plastiques. Depuis longtemps, il médite cette troublante confession que sera le *Bain turc*. Oui, Ingres évoque invinciblement les figures de ces grands convertis qui, tout en prêchant le renoncement, gardèrent de brûlantes ardeurs.

Tel nous voyons aujourd'hui Ingres. Tel il nous apparaîtra de plus en plus. Éliminant les grandes pages dogmatiques, nous attachant aux crayons, aux esquisses, aux recherches, nous essayerons de forcer l'intimité de cet homme terrible. Romantique? Oui, si l'on tient pour romantique tout artiste original. Mais, si l'on désire conserver à ce terme une acception précise, si on ne veut l'appliquer qu'à des artistes sensibles, lyriques, dominés par la passion, on reconnaîtra qu'il ne s'applique pas à Ingres exactement. Ce n'est pas parce qu'il a préféré comme truchement le dessin à la couleur, le procédé d'expression importe peu et le dessin a eu ses grands Romantiques, mais parce que, si nerveux, si passionné, si personnel qu'il ait été, ses aspirations étaient vers un idéal lucide, vers la délectation spirituelle, vers la pureté. Cet indiscipliné visait à la discipline; à travers toutes ses variations, il désirait l'unité. Disons, si l'on veut, qu'il a été le Classique d'une époque romantique.

Il est à présent et il sera, sans doute, encore demain, invoqué par les esprits indépendants et audacieux. Il ne faut pas l'oublier, cependant, ce n'est pas ainsi qu'il est apparu à ses contemporains et il avait assumé une tout autre mission. Il a eu une poignée de disciples fanatisés, Hippolyte et Paul Flandrin, Amaury Duval, Mottez que rapprochait de lui une sensibilité délicate et auxquels il a inspiré une peinture abstraite, exsangue, une sorte de jansénisme. Et puis il a été « Monsieur Ingres », un épouvantail qui écartait la jeunesse des régions maudites hantées par Delacroix et excommuniait, en imprécations décisives, les apôtres du laid. Qu'il y ait eu contradiction intime entre son art et son attitude, cela est de toute évidence. Il ne nous appartient pas, tout de même, d'effacer son rôle historique.

Entre Delacroix et Ingres, la figure touchante de Chassériau semble dessiner un trait d'union. Quoi qu'on ait dit, il n'est pas passé de l'un à l'autre; il ne les a pas, non plus, unis en une synthèse généreuse. Avec chacun d'eux il avait des affinités, mais il n'a pas combiné leurs reflets; il avait sa pensée qui n'était qu'à lui-même et, s'il leur a emprunté les éléments de sa technique, c'est son propre poème qu'il a modulé. Il a, enfant prodigieusement précoce, reçu, d'Ingres, de fortes leçons. Il lui doit le maniement de la ligne précise et flexible qui épouse les formes sans les contraindre, et l'habitude de l'observation et de la notation pénétrantes. Ces méthodes ne cesseront jamais de le servir quand il exécutera un portrait. Le portrait de *Madame Cabarrus*, 1846, est dans la tradition technique ingriste autant que le groupe des *Deux sœurs* de 1843, plus que la brûlante effigie de *Lacordaire*, qui les a précédés. Mais il règne, dans ces pages, une intensité ardente qui n'est pas ingriste : les tempéraments sont différents, et cela devient surtout sensible lorsque l'on compare l'autorité calme des crayons d'Ingres avec le frémissement nerveux des crayons de Chassériau qui en sont dérivés. Ingres a prêché à Chassériau le culte de la beauté féminine : mais leurs types préférés ne sont pas les mêmes et ils ne les célèbrent pas de semblable façon. Ingres dessine des formes courtes, un peu lourdes, mal dégagées, des corps aux attitudes abandonnées; il le fait avec une sensualité païenne et ne cherche point à lire dans les visages indifférents. Les femmes de Chassériau sont élancées, vibrantes et leur physionomie expressive les baigne de spiritualité. Par là, la *Vénus anadyomène,* peinte à vingt ans, malgré les apparences, n'est pas un simple hommage à l'art d'Ingres. Elle pénètre dans un domaine tout différent et, d'ailleurs, l'arabesque qui la définit a, elle-même, un caractère nouveau; car, au lieu de traduire un moment fugitif de la durée, elle tend à donner une impression d'éternité. Que Chassériau se soit senti, presque d'emblée, mal à l'aise dans le vocabulaire d'Ingres, la *Chaste Suzanne* le prouve, qu'il exposa, en même temps que l'*Anadyomène,* en 1839. Déjà y apparaissent des vibrations, des rapports harmoniques qui marquent l'attraction exercée par la palette de Delacroix. Cette action va bientôt s'épanouir. Chassériau, pour Ingres, va faire figure de transfuge. En réalité, sauf dans quelques scènes arabes où il se laisse séduire par le pittoresque, il se sert de Delacroix, comme il avait fait de son premier maître, pour traduire ses aspirations propres. Une sorte de nostalgie mystérieuse l'occupe : il est hanté par des rêves mélancoliques; les splendeurs de la jeunesse, de la beauté, des matières précieuses sont pénétrées, pour lui, d'inquiétude et de silence. *Esther,* fleur admirable, les bras ployés en un rythme rare, est servie, comme une idole, par les esclaves d'Asie, mais, dans ses yeux profonds,

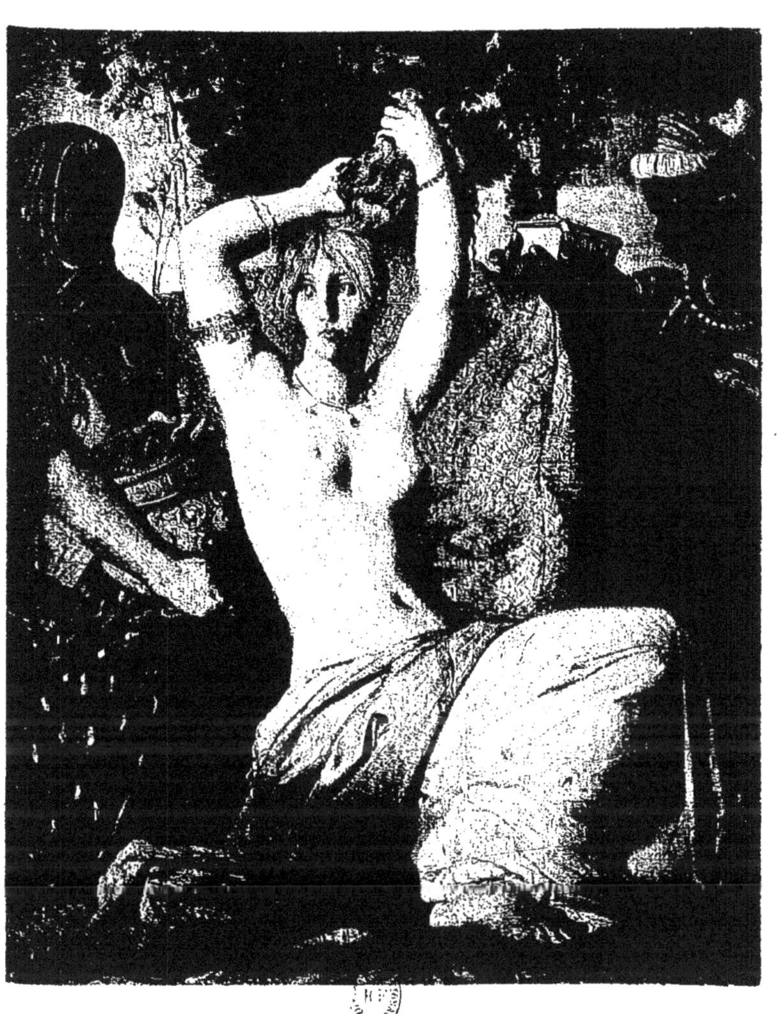

règne une infinie tristesse. *Apollon* inassouvi essaye, en vain, d'enlacer *Daphné* désolée. La pure *Desdémone* a le pressentiment obscur de sa destinée. Cette poésie étrange, inquiétante, prenante, colore l'art de Chassériau : elle le dégage, le place très haut et lui confère sa physionomie distincte, originale et romantique.

Nous devons à Chassériau un dernier hommage. Sur les murs de l'escalier de la Cour des Comptes dont il entreprit, à vingt-cinq ans, la décoration, il n'avait pas seulement déployé une entente parfaite de la composition monumentale. Les thèmes qu'il avait développés avec ampleur, largeur synthétique, étaient, à la fois, éternels et neufs. Au lieu d'emprunter à la religion, à la mythologie, à l'histoire, ou d'animer des allégories, il avait simplement pris des lieux communs : *la Paix, la Guerre*. Il avait évité de les diminuer par des particularités de costumes, d'accessoires. En dehors du temps et de l'espace, il proposait aux regards, en scènes générales et vivantes, les travaux, les angoisses et les aspirations des hommes. Cet ensemble magistral, nous ne cesserons d'en déplorer la perte; il a, du moins, exercé une action féconde. La conception philosophique et vraiment humaine qui l'avait inspiré, le style même dont Chassériau l'avait revêtu ont présidé, de la façon la plus directe, à la genèse de l'art de Puvis de Chavannes.

Si le Romantisme n'avait apporté aux arts d'autres bienfaits, il suffirait à sa gloire d'avoir vivifié le paysage et de l'avoir porté à un degré d'épanouissement que celui-ci n'avait jamais connu. Sur aucun point son influence ne fut plus décisive. Depuis la mort de Poussin et de Claude Lorrain, le paysage avait été presque toujours languissant. Au moment même où Bernardin de Saint-Pierre et Rousseau entreprenaient de réveiller la nature, le Davidisme proclama le culte exclusif de l'homme. Le paysage se vit réduit à une calligraphie savante et froide, d'ailleurs dédaignée, et Chateaubriand put remarquer, avec amertume, qu'en général les paysagistes ne connaissaient pas la nature et qu'ils ne l'aimaient pas. Elle était morte à leurs yeux. Le Romantisme la ranima; il arracha l'homme à son orgueilleux isolement et une génération ardente s'enivra de spectacles, de sensations, d'émotions qu'il semblait que personne n'eût connus avant elle. Ces novateurs avaient, tous, pareille sincérité : ils se sentaient, tous, attirés par la vie obscure des choses; ils savaient que les formes ne sont pas capricieuses, mais qu'elles traduisent le jeu harmonieux de forces secrètes. Ils étaient également humbles et respectueux devant la nature, mais, partagés entre plusieurs tendances, ils ne l'abordèrent pas tous avec le même esprit.

La plupart étaient pénétrés par la mentalité romantique. Ils étaient avides de solitude, cherchaient, dans des sites sauvages, l'oubli des ouvrages des hommes, prenaient devant la mer, à la montagne, dans la forêt, contact avec les forces primitives; ils écoutaient les murmures de la vie universelle. Le ciel perpétuellement changeant de notre pays, par ses inquiétudes, ses menaces, ses sourires, répondait aux mouvements incertains de leur cœur. Pour exprimer leur curiosité avide, pour dire, à la fois, tout ce qu'ils découvraient et dans les choses et en eux-mêmes, les formules académiques, et Poussin lui-même n'auraient été d'aucun secours. Les

Hollandais leur offrirent l'exemple de leur technique sincère et de leur dévotion ingénue. Ils leur enseignèrent à trouver poésie et inspiration dans le motif le plus restreint et le plus ordinaire : une vanne, un vieux chêne, un sous-bois, le coin d'une mare. Mais la limpidité, le bel équilibre de la Hollande étaient bien éloignés de leur nervosisme complexe. Ils trouvèrent, chez les Anglais, un métier moins sûr, moins sobre, plus ambitieux. Ils purent, enfin, s'appuyer, puisqu'ils furent les derniers à entrer en lice, sur les expériences de leurs frères aînés, peintres de figure ou d'histoire. Paul Huet, Jules Dupré, Théodore Rousseau et leurs émules constituèrent, à l'aide de ces éléments, un métier trouble et puissant. Par des notations diaprées, pressées, surchargées, ils essayèrent de dire ce que les yeux voient et de suggérer ce qui touche les autres sens et encore ce que l'âme imagine : les êtres qui pullulent parmi les herbes ou dans les étangs, la fraîcheur de l'ombre, les senteurs de la forêt mouillée, le silence souligné par la feuille qui tombe ou par le chant des oiseaux. Indifférents ou peu sensibles à l'architecture du paysage et au langage des lignes, ils s'exprimèrent surtout au moyen des taches.

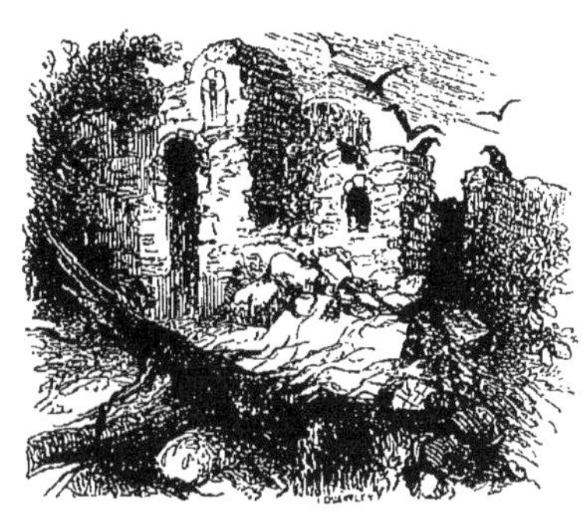

Pages harmonieuses et lyriques : méditations, élévations, recueillements : toutes les parties sont subordonnées à l'ensemble : êtres et choses participent à une atmosphère commune où ils peuvent se perdre et presque se confondre : troupeaux mangés par la lumière ou noyés dans la pénombre, franges indécises entre la mare et le pré, point rouge qui fait deviner le manteau d'un voyageur ou le fichu d'une paysanne. Les contemporains, habitués aux épures de Valenciennes et de Bidauld, furent décontenancés; cet art leur fut, à la lettre, inintelligible. Par une réaction inverse, il nous semble, aujourd'hui, très éloigné de nous. Nous avons évolué : certains accents ne nous touchent plus : *le Matin* ou *le Soir* de Dupré ne s'enveloppent plus pour nous de mystère; nous les accuserions volontiers — à tort — d'agrément factice. Mais *le Vieux Chêne* de Dupré même, les bouleaux argentés qui chantent dans les sous-bois de Diaz, *l'Allée des Châtaigniers, la Vue des Pyrénées;* et, on peut dire, tout l'œuvre de Théodore Rousseau, et les premières confidences de Paul Huet n'ont cessé de nous émouvoir. Ils sont admirés, plus, peut-être, que toute autre manifestation romantique, mais ils appartiennent au passé. Depuis eux, et grâce à eux, jusqu'à nous, la vision des paysagistes et leur technique ont terriblement évolué : ils en subissent les conséquences. Leur technique parut hasardeuse, nous en proclamons la sûreté mais nous la trouvons artificielle et timide. Elle présente trop de souvenirs des musées, un trop grand souci du tableau caressé pour lui-même, indépendamment du site évoqué, une mise en page libre et, pourtant, trop concertée. Tout cela nous choque et,

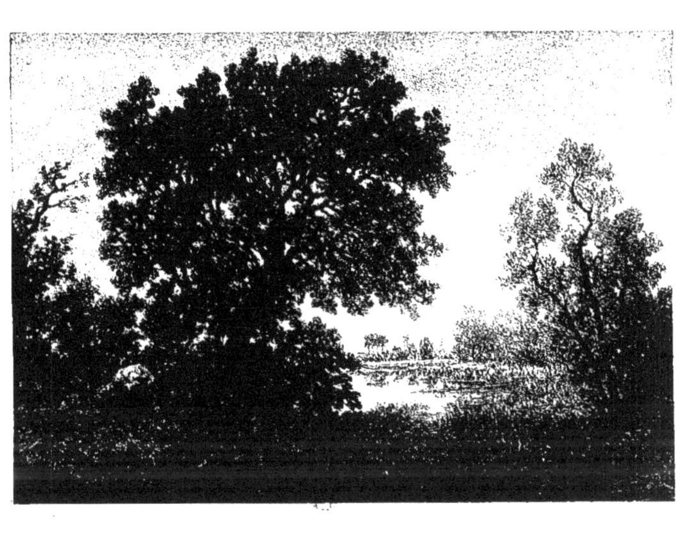

d'abord, la coloration riche, chaude, mais sourde et qui sent le renfermé. La gloire de ces maîtres est grande : ils ont, tout de même, le tort d'être venus trop tôt.

Cependant, quelques jeunes gens, épris d'un amour sincère de la nature, et par là ils participaient au Romantisme, mais pénétrés d'un besoin de clarté, d'ordre et de mesure, avaient entrepris de régénérer le paysage en s'inspirant, non de la pratique mais de l'esprit de Poussin. C'étaient Édouard Bertin, Aligny, Paul Flandrin. Ils allèrent travailler sur les bords du Tibre. Les circonstances, un moment, parurent les favoriser. Vers le temps où *Lucrèce* triomphait et où tombaient *les Burgraves,* on put croire à l'avènement d'un paysage très établi, aux nobles lignes, imprégné de gravité ou de calme. Decamps, Troyon, Daubigny furent ébranlés. Marilhat, qui devait, très jeune, disparaître, mit au service de cette tendance une véritable autorité et, après avoir peint des vues sévères d'Auvergne, apporta la même passion disciplinée à décrire l'Égypte, ouvrant ainsi une phase nouvelle dans l'évolution de l'orientalisme. Ce mouvement trop austère n'eut qu'un bref succès. Il en demeure quelques pages de belle allure, et il a eu une influence réelle sur le paysage tout entier, car ce sont les néo-classiques qui ont, les premiers, tenté de traduire directement les tons réels de la nature et qui ont inauguré la peinture claire. Il suffit, au reste, pour recommander leur effort de rappeler que Corot s'est formé parmi eux. *La Vue du Forum* et celle du *Colysée* furent peintes à côté d'Édouard Bertin et d'Aligny. *L'Agar dans le désert,* en 1835, par son âpreté, marque, peut-être, plus l'influence du groupe que la personnalité du maître, et, si Corot a célébré *Homère parmi les bergers,* s'il a évoqué les satyres et les nymphes, d'autres l'ont fait autour de lui. Son charme n'est qu'à lui seul. Ce qui, chez d'autres, est méditation, élaboration réfléchie, est, chez lui, jaillissement. Il n'interpose pas, entre la réalité et sa vision un écran régulateur : tout s'ordonne spontanément. Les divinités païennes surgissent devant lui aussi présentes que les jeunes filles, nos contemporaines. De les voir, dans les buissons, à l'ombre des grands arbres, ne saurait nous surprendre. Tout ce qui les entoure est imprégné de leur poésie. Elles n'ont pas besoin, pour se produire du ciel lointain de l'Italie : elles hantent nos halliers et dansent auprès des étangs voisins.

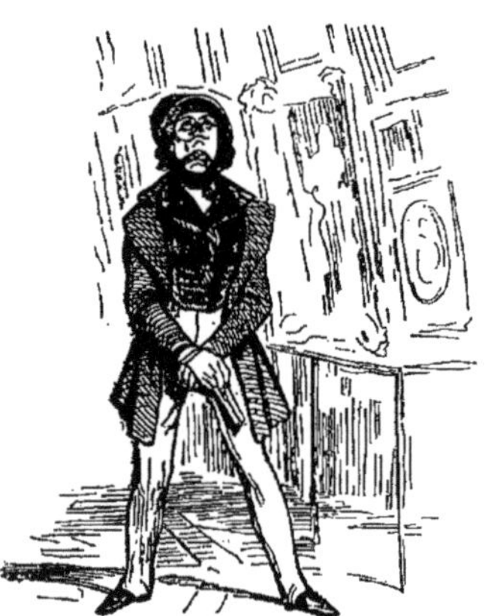

A notre grande surprise, Corot fut à peine mieux reçu que Dupré ou Rousseau. Lui aussi manquait à la propreté et à l'exactitude formelles. Il dissimulait le contour qui emprisonne, modelait les frondaisons par masses; d'ailleurs, il ne disait que l'essentiel, avec un instinct aisé de la grandeur. Il évitait, en peignant, l'éclat métallique et mettait tout en place par le seul jeu des valeurs dosées avec une subtilité impeccable. On l'accusa de gaucherie et l'on qualifia de boueuse et de terne sa couleur sereine et mate.

La nature est impérieuse; elle ne se laisse pas aisément dominer. Elle peut se prêter, un temps, aux épanchements lyriques ou aux méditations ordonnées; elle finit, toujours, par arracher ceux qui la contemplent à leur propre personne et les oblige à s'oublier. Romantiques, néo-classiques et Corot furent, par une pente invincible, entraînés vers le culte simple de la réalité. L'évolution fut sensible chez Théodore Rousseau qui affirma de plus en plus ses dons profonds d'observateur et se fit, chaque jour, plus humble devant le motif. Cette attitude objective, plus facile à des artistes de personnalité moins complexe, inspira à Daubigny et Chintreuil leurs meilleures toiles. Le paysage allait revêtir des formes nouvelles. A travers tous ses développements ultérieurs, il demeurera redevable au Romantisme qui l'a ressuscité, a reconnu en lui une des expressions essentielles de la pensée moderne et lui a restitué une âme.

Le Romantisme, enfin, a exercé une action capitale sur les arts graphiques. Les Davidiens n'avaient pas seulement répudié l'imagination délicate du XVIII^e^ siècle, ils en avaient ruiné les techniques. Ils n'avaient sauvegardé que la gravure de traduction traitée au burin, selon les méthodes implacables de Bervic. Les Romantiques eurent la curiosité des techniques, ils y déployèrent leur originalité; ils restaurèrent l'estampe originale. A cette œuvre ne collaborèrent pas seulement des artistes spécialisés. Les plus grands, Delacroix, Decamps, Paul Huet, Chassériau, à l'exemple de Géricault, y ont participé.

L'eau-forte, dans le premier quart du XIX^e^ siècle, avait été quasi totalement délaissée. Paul Huet la reprit. Il essaya de retrouver la tradition des Hollandais; d'une pointe menue, par indications pressées, il traça des pages savoureuses et chaudes. Célestin Nanteuil tenta, dans ses frontispices pour Victor Hugo, des contrastes vigoureux de blanc et de noir. Ailleurs, au contraire, il se contenta d'effleurer la planche par un travail terne et gris, timide mais non sans charme. L'apport le plus imprévu fut celui de Chassériau. La suite qu'il consacra à l'interprétation d'*Othello* ne se recommande pas seulement par l'originalité et les nuances exquises du sentiment. Il a abordé le cuivre en dehors de toute règle et de toute tradition. La main impatiente a couvert le papier avec une ardeur incorrecte, presque sauvage, d'un accent pénétrant et âpre.

Le Romantisme a relevé l'eau-forte mais il ne lui a donné qu'un rôle secondaire. Il a, au contraire, trouvé son mode d'expression essentiel dans la lithographie qu'il a dotée d'un éclat que rien n'annonçait et qu'elle ne devait plus retrouver après lui. Découverte, en 1796, la lithographie, malgré des essais multiples et l'intervention de grands artistes, n'avait produit que des images médiocres, molles, grises, sans autorité. Géricault s'en empara; il la marqua de son génie et en révéla toute la puissance. Ses études de chevaux, ses souvenirs des guerres impériales, surtout l'incomparable suite anglaise, montrèrent la souplesse d'un procédé capable des modelés les plus caressants, des oppositions les plus véhémentes, susceptible, mieux qu'aucune autre technique, de faire chanter les noirs veloutés. La lithographie n'exigeait aucun apprentissage, aucune transposition; l'artiste dessinait sur la pierre comme sur du papier. Elle était rapide, favorisait la verve et encourageait à l'improvisation; elle eût été un instrument parfait si elle avait pu rendre le caractère mordant et incisif d'un trait aigu. Mais c'était là justement une vertu dont se souciait peu la jeune école et la lithographie se prêta à toutes les intentions des Romantiques. Bonington s'en servit, dans les *Voyages pittoresques et romantiques dans l'ancienne France,* avec une légèreté incomparable et en obtint les effets les plus subtils de perspective aérienne. Isabey célébra l'Auvergne en pages amples et pleines. Delacroix plia la lithographie aux exigences multiples de son génie : par des frottis légers, il rendit le modelé gras des médailles antiques; il sut, avec une patience inaccoutumée, achever de grandes estampes : *un Tigre, un Lion de l'Atlas;* avec une éloquence fiévreuse, revivant et faisant siens *Faust* et *Hamlet,* il traça des pages émouvantes, tourmentées, plus exaltées, peut-être, aussi profondes qu'aucune de ses autres œuvres.

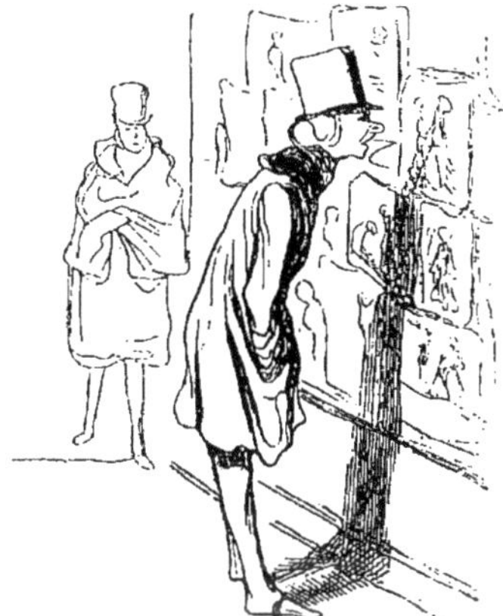

Au lendemain de la Révolution de 1830, la lithographie rendit possible une caricature politique d'une allure jusqu'alors inconnue. Jour par jour, les événements purent, pour la première fois, être commentés immédiatement par l'image. Innovation sensationnelle, le succès en fut assuré par un groupe brillant de pamphlétaires. Raffet, Decamps, champions de la première heure, se retirèrent après avoir frappé de rudes coups. Grandville prodigua sa laborieuse fantaisie. Traviès donna à Mayeux une popularité qui nous étonne. Gavarni essaya sa verve.

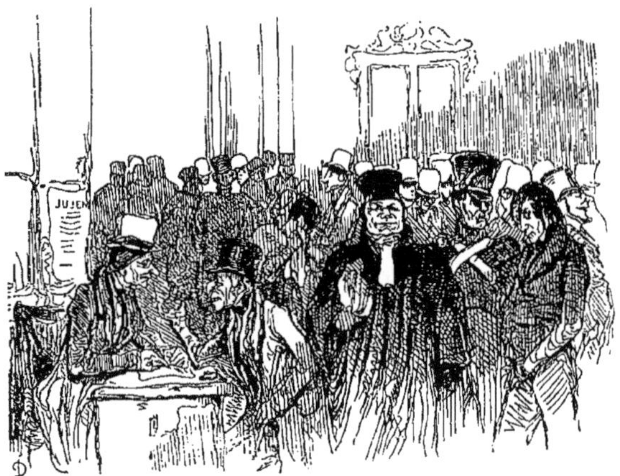

Daumier, presque d'emblée, s'éleva à une hauteur prodigieuse. Nous savons, aujourd'hui, le prix des feuilles, intenses d'inspiration et de forme, chefs-d'œuvre improvisés, que domine une page sublime, *rue Transnonain*. Pour nous, Daumier est l'égal des plus grands maîtres, dessinateur puissant et génial, esprit novateur aux indications fécondes.

Les lois de septembre 1835 tuèrent la caricature politique. Daumier se rejeta sur la satire sociale et fouailla, avec une vigueur impitoyable, les Robert Macaire.

Gavarni clairvoyant, indulgent, amusé, se consacra à la satire des mœurs, d'un dessin spirituel, d'une verve intarissable, resté jeune, malgré le temps écoulé, et actuel, malgré les modes désuètes, parce qu'il observa les formes sous les costumes et le cœur humain à travers les incidents du jour. Déjà, le crayon léger d'Eugène Lami avait commencé à noter les aspects de la vie mondaine, et Achille Devéria avait donné le meilleur de son œuvre. C'est par lui, surtout, que nous garderons le souvenir des jeunes femmes belles, élégantes, cultivées, qui sourirent aux Romantiques. *Les Heures du jour* les évoquent avec une sobriété décisive, dont l'artiste, par la suite, ne sut pas préserver la qualité.

La lithographie appartient au Romantisme, elle tomba en décadence dès que le Romantisme fut en régression.

La gravure de traduction avait été rejetée au second plan. Elle n'en évolua pas moins. Calametta, Henriquel-Dupont y introduisirent des pratiques plus libres, utilisèrent les préparations à l'eau forte, diversifièrent les effets. La reproduction étudiée et complète, travail de longue patience, nécessairement réservé à des œuvres peu nombreuses, ne répondait pas aux exigences de la curiosité. Les gravures au trait étaient mornes et trahissaient tout effort libre. La lithographie, l'eau-forte se prêtèrent à des croquis rapides et expressifs. Parfois, les peintres s'interprétèrent eux-mêmes, Célestin Nanteuil, les Johannot leur prêtèrent un intelligent concours. Ainsi furent illustrés *le Musée,* critique du salon de 1834, et les livraisons de *l'Artiste*.

Un autre titre, et des moins contestés du Romantisme, est l'essor qu'il donna à la gravure sur bois. La technique du bois venait d'être modifiée en Angleterre par la substitution du buis au poirier, opérée par Th. Bewick et par l'usage systématisé de tailler le bois *debout*. Cette petite révolution, importée en France, dès 1817, attendit une douzaine d'années avant de porter ses fruits. La vignette, dessinée, en 1829, pour le frontispice de *l'Artiste* par Tony Johannot et gravée par Porret, fut suivie de la plus riche et de la plus aimable floraison. *L'Histoire du roi de Bohême et de ses sept châteaux*, par Nodier, illustrée par Tony Johannot, ouvrit la série de ces livres savoureux où l'image ingénieuse se marie intimement au texte composé avec soin. Le *Gil Blas* de Jean Gigoux est le plus mémorable exemple d'un cycle auquel Tony Johannot, Raffet, Meissonier, Célestin Nanteuil, Daumier, Daubigny, Grandville ont, parmi d'autres, apporté leur contribution. Chacun y a mis son tempérament fougueux, puissant, précis ou fantaisiste. Mais, sur ce point, j'aurais mauvaise grâce à insister puisque aussi bien mes lecteurs ont, presque à chaque page de cet ouvrage, des exemples choisis de cet art qui a touché à la perfection, art sitôt disparu puisqu'il a dû céder la place, après 1850, aux grâces dangereuses du bois d'interprétation.

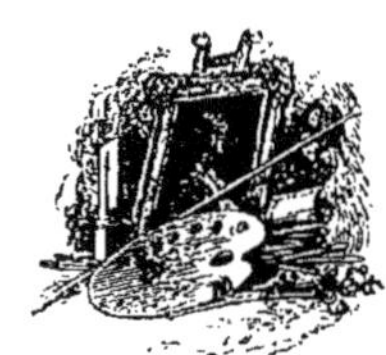

# La Sculpture romantique

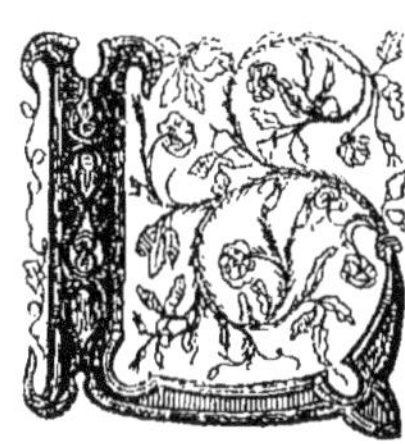

La sculpture de la Révolution et de l'Empire ne s'est pas relevée du discrédit profond dont l'ont frappée les Romantiques. Nous avons peine à croire qu'au temps du crépuscule de Houdon et de Clodion, en dehors de Chinard, auquel nous témoignons, par miracle, de l'indulgence, il se soit produit quelques statuaires de valeur. De rares pages iconiques, le *Vergniaud,* de Cartellier, le *Napoléon,* de Ramey, les bustes de Roland, nous laissent seules entrevoir le mérite de la pléiade où brillèrent encore Lemot, Chaudet et Bosio. Leurs œuvres héroïques, celles sur lesquelles ils fondaient leur gloire, nous repoussent et nous glacent.

Elles parurent insupportables à la jeunesse de la Restauration. Ces maîtres avaient cru naïvement ressusciter la beauté antique; ils avaient, sans en prendre conscience, exprimé l'exaltation de leur époque galvanisée par l'exemple des vertus de la Grèce et de Rome. Ils devinrent inintelligibles lorsque sévit le mal du siècle. On ne vit plus, dans leurs marbres roidis, que rhétorique conventionnelle et boursouflure creuse. On y chercha vainement ce qui touchait désormais : le mouvement, le drame, le sens physiologique de la vie. De là, des tentatives véhémentes, un effort tumultueux de redressement. Les novateurs étaient d'accord sur les routines à répudier. Ils entendaient écarter un faux idéal, la superstition d'une antiquité imitée littéralement, dire sincèrement et directement leurs sentiments propres. Mais ils ne s'étaient pas concertés sur l'usage qu'ils feraient de la liberté reconquise. La plupart étaient mus par des instincts troubles plus que par des idées nettes. Tous les coups n'ont pas également porté : les plus bruyants ne furent pas les plus décisifs. Œuvres manquées, aspirations vaines, grandes vérités pressenties ou entrevues, et, à côté, travail fécond, conquêtes certaines, bénéfice véritable, au total, pour la sculpture ralliée au mouvement moderne, voilà le bilan de la lutte dont nous allons rappeler les plus notoires champions.

Il y eut, d'abord, les purs Romantiques, ceux qui, du premier coup, voulurent tout bouleverser et violentèrent la plastique pour s'efforcer d'exprimer leurs passions ou leurs fièvres. Aucun d'eux n'a fait œuvre complète; il s'en faut qu'on puisse les négliger. Avec Préault, la sculpture a failli avoir son Delacroix ou son Berlioz. Il avait une foi indomptable, un acharnement que les échecs ne pouvaient rebuter, une imagination dramatique et féconde, le sens moderne, des lueurs de génie. Il lui a manqué un minimum de qualités moyennes, la

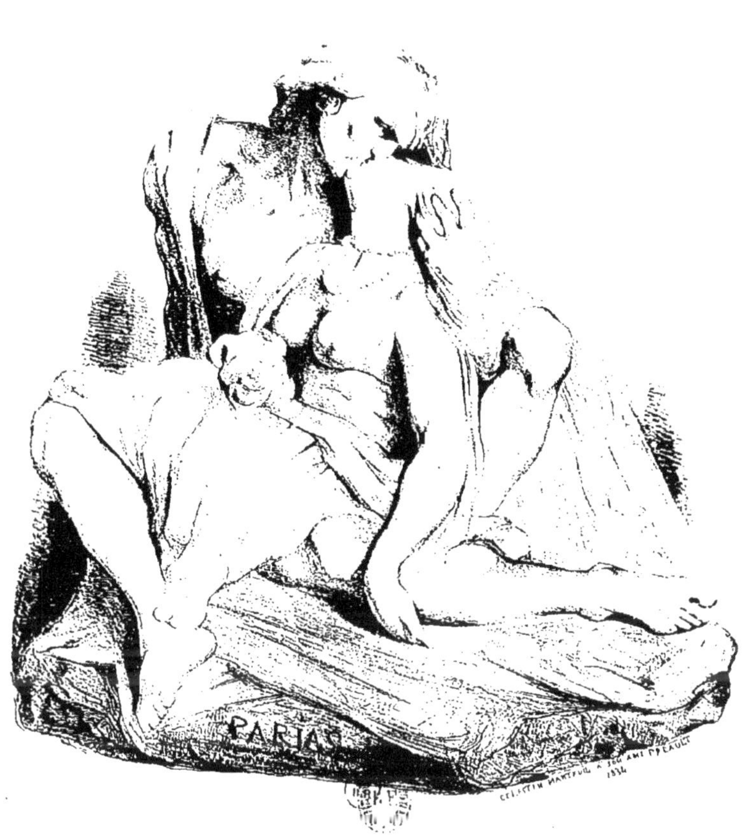
PARIAS
CELESTIN NANTEUIL A SON AMI PREAULT
1834

science d'un écolier et aussi la patience : en un art qui réclame tant de méditation, il a été un perpétuel improvisateur. Ce qui reste de son œuvre, *la Tuerie, le Christ* de Saint-Gervais, *le Silence,* les médaillons de *Dante* et de *Virgile, le Gaulois* du Pont d'Iéna, les groupes du Nouveau Louvre, quelques témoignages sur les pages disparues, comme *les Parias,* laissent deviner le sculpteur qu'il eût voulu être et l'art qu'il entendait instaurer. Il avait rêvé ce qu'il a été donné à Carpeaux et à Rodin d'accomplir : animer le marbre ou le bronze, créer des êtres palpitants, les montrer étreints par les grandes passions, tordus surtout par la douleur. Sans souci d'un rythme extérieur, il demandait aux formes d'exprimer les ressorts internes et, pour accentuer encore cette plastique véhémente, il ne reculait pas devant les exagérations, les déformations même, capables de souligner le caractère. Il croyait aussi que l'artiste ne doit pas disparaître devant son œuvre et que l'empreinte de sa main y doit rester visible. Aux belles lignes, aux larges surfaces caressées par la lumière, il préférait le jeu contrarié des volumes complexes dont les saillies sont soulignées par des trous d'ombre. Esthétique pittoresque, soutenue par une ardente pensée, et qui pouvait se réclamer de l'art baroque et de Michel-Ange.

Les contemporains n'étaient pas préparés pour admettre, d'emblée, de telles conceptions. Il y avait trop de scories dans les meilleures inspirations de Préault pour qu'il arrivât à s'imposer. Il ne détermina pas un mouvement. Parmi les artistes qui eurent des velléités analogues aux siennes, aucun n'eut sa persévérance.

Quelques œuvres tragiques demeurent tout de même et défendent certains noms. Étex fut un sculpteur prodigieusement inégal; il a eu le malheur d'avoir une grande occasion de conquérir la gloire et d'échouer lourdement : les deux bas-reliefs de l'arc de triomphe de l'Étoile, qui portent son nom, l'ont accablé; pourtant, il a modelé le groupe de *Caïn maudit,* une maîtresse page de la sculpture du siècle, de belle venue plastique, de sentiment tragique, digne prélude de l'*Ugolin,* de Carpeaux. Triquetti a eu son heure. Les portes de la Madeleine, où il a figuré les dix commandements, sont d'une conception grandiose, d'une exécution incorrecte mais ample, vraiment dignes d'un tel sujet. On s'étonne qu'une telle œuvre n'ait pas eu de lendemain. Le projet de monument équestre à Desaix, qu'avait esquissé Antonin Moine, a une allure vigoureuse, un peu lourde. Le portrait de la reine Marie-Amélie, malgré la minutie puérile du costume, est une œuvre sérieuse. Les anges des bénitiers de la Madeleine intéressent plus l'histoire du goût que celle de la plastique. La réputation de Maindron s'est fondée sur sa *Velléda,* dont la facture un peu pauvre est, du moins, libre, et qui séduisit par sa mélancolie affectée et ses intentions littéraires.

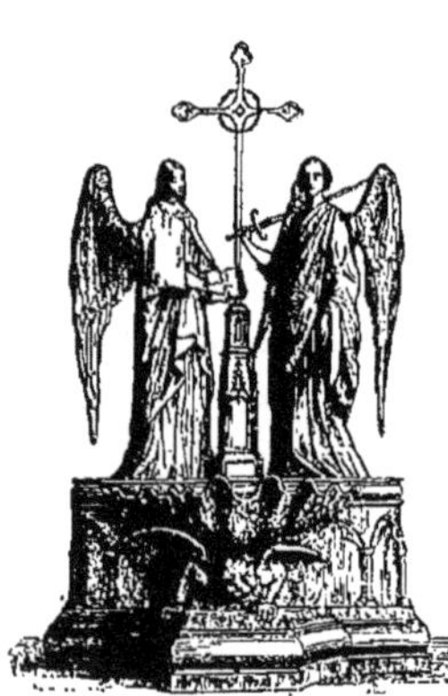

Cette tendance littéraire, mêlée au pastiche d'un

Moyen Age où se confondaient gothique et Renaissance, fit le succès des médaillons et des anges d'Antonin Moine, du groupe de *Jeanne d'Arc devant un prisonnier anglais,* de la princesse Marie d'Orléans. Mademoiselle de Fauveau lui dut sa réputation. Par un retour inévitable, nous sommes tentés de ne voir, en cet art, que maniérisme et articles de mode; à tort, car bien du talent fut dépensé dans des œuvres factices qui, au surplus, n'auraient pu apparaître si l'esprit romantique n'avait pas assoupli et main et vision.

Malgré sa célébrité, malgré l'amitié et les hyperboles de Victor Hugo, David d'Angers n'a pas été le champion du Romantisme. Grand sculpteur, certes, il a eu des idées plastiques indécises, sujettes à de fréquents retours. Le *Condé,* qui fonda sa réputation, les statues historiques ou modernes, où il s'est imposé la vérité du costume, préconisent un art fidèle à la réalité, désireux de mettre en valeur les aspects divers par lesquels chaque âge renouvelle la figure humaine. Au fronton du Panthéon, autour d'une Renommée allégorique, il a groupé des soldats et des fonctionnaires dans leurs uniformes. A Marseille, en riposte, médiocre d'ailleurs, au *Départ,* de Rude, il a évoqué littéralement une scène de 1792. Mais, d'autre part, et parallèlement, il rend hommage, dans le *Philopœmen,* à la plastique traditionnelle, il enveloppe d'une simple draperie *Bonchamp,* représente *Racine* nu et trouve des arguments pour justifier la nudité héroïque. Ses préoccupations essentielles sont, à vrai dire, étrangères à la plastique. A travers ses incertitudes, il poursuit une conception hasardeuse à laquelle il suspend son art. A ses yeux, le statuaire a une mission : il est le témoin chargé de transmettre, à la postérité, l'effigie des grands hommes. Pénétré de cette idée, il saisit toutes les occasions de dresser la statue d'un héros. Armé d'une feuille d'ardoise sur laquelle, avec un peu de cire, il modèlera leur profil, il va voir ses notoires contemporains; il entreprend des voyages pour rencontrer un personnage intéressant. C'est ainsi que, doué d'une activité prodigieuse, il constitue, à côté de statues et de bustes nombreux, cette galerie unique de médaillons dont les plus hâtifs ont de la verve et dont les plus intenses sont ceux qui évoquent les plus illustres mémoires. David d'Angers, en fixant les traits, est préoccupé d'y faire transparaître le génie; sous l'influence de la phrénologie, il pense que la force spirituelle se lit sur l'expression, sur les proportions mêmes du masque. De là des déformations, des hypertrophies que n'inspire pas le rythme plastique, mais un souci apologétique. Le buste monstrueux de *Gœthe* en est un détestable exemple. Malgré tous ses dons, David d'Angers demeure isolé; il n'a pas rayonné et son influence eût été dangereuse.

La période romantique n'aura-t-elle donc donné que des manifestations incomplètes et un artiste aux principes incertains? Ne trouverons-nous, comme œuvres neuves, dignes d'être applaudies sans réserve, que la petite sculpture, les statuettes-portraits mises alors à la mode? Vivantes, spirituelles, portant le costume moderne avec une aisance qui ne se retrouve pas dans les grandes pages, elles demeurent actuelles. C'est la languissante *Louise Colet* et la digne *Marie-Amélie,* de Pradier; *Fanny Elssler,* de Barre; *Bocage,* de Maindron;

aimable galerie à laquelle, avec un tout autre accent et une envergure géniale, Daumier va ajouter le sordide et insolent *Ratapoil.*

La sculpture continuera-t-elle à être dominée par les élèves de l'École impériale? Quelques-uns restent figés, d'autres évoluent, s'humanisent en partie, font d'apparentes concessions, ainsi Lemaire, auteur du fronton de la Madeleine. Pradier, vrai sculpteur, mais hanté par le désir de plaire, renonce au style pour viser à la grâce. Il a côtoyé les sommets : il a désiré et presque atteint l'ingénuité antique dans *Un fils de Niobé,* le pittoresque dans *l'Odalisque,* de Lyon, l'onction religieuse dans *le Mariage de la Vierge,* à la Madeleine, l'expression dramatique dans *Sapho,* la grandeur dans la statue de *Strasbourg* et *les Victoires* des Invalides; jamais il n'a adopté franchement un grand parti, jamais il n'emporte une pleine adhésion.

La sculpture, cependant, va s'orienter vers la liberté, la vie, l'expression des passions modernes. Pour la dégager, des manifestations brillantes ou tapageuses, si riches qu'elles fussent de suggestions, étaient inefficaces : il a fallu, avec prudence et patience, allier une science solide à l'esprit nouveau. Rude, selon le mot de Préault, a fait la prose de l'art. Entendez qu'il a doté la sculpture d'une grammaire sûre. Par là son action a été essentielle.

Il avait l'allure d'un ouvrier et l'âme d'un artisan. Bourguignon, il avait reçu, d'abord, de François Devosge, à Dijon, une orientation libérale, mais il était devenu, à Paris, un docile élève de l'École et, dans son long séjour à Bruxelles, il n'avait donné aucun signe d'indépendance. Il rentre en France à l'âge de quarante-trois ans, en 1827, et, brusquement, l'atmosphère parisienne agit sur lui : elle ne lui inspire ni fièvre, ni vertige, mais il retrouve ses instincts de race et sa première orientation, et il se révèle avec *le Mercure attachant ses talonnières,* en 1827 et, plus complètement, en 1831, avec *le Pêcheur napolitain.* Rien de révolutionnaire en apparence : en fait, la véritable révolution. Le corps humain étudié et traduit directement, avec amour, sans l'interposition d'aucune convention archéologique, sans l'intrusion d'aucune formule esthétique, admirable parce que vrai. Autre chose encore : le mouvement le plus audacieux, rendu avec une aisance parfaite grâce à la connaissance raisonnée des lois de l'équilibre. Voilà ce qu'enseigne Rude et, lorsqu'il aura des élèves, il ne leur apprendra rien de plus. Appuyés sur ce savoir libéré, à eux de trouver leur inspiration. Pour lui, il se met tout entier dans son art, nature généreuse, âme grande et simple, peu cultivé, point livresque, incapable de puiser l'excitation auprès des poètes, mais profondément, instinctivement touché par les courants et les remous de la pensée contemporaine, d'ailleurs sculpteur né, de sève riche, héritier des imagiers bourguignons. Airain sonore, selon le mot de Victor Hugo, auquel il ressemble, au moins par l'intensité avec laquelle il vibre d'accord avec les grands instincts populaires. Il est assez souple pour dire, en une intelligente statuette, l'orgueil fruste de *Louis XIII enfant* ou pour traduire l'héroïsme et la jactance du *Maréchal de Saxe,* mais ce ne sont, pour lui, que des épisodes extérieurs. S'il représente *le Baptême du Christ* ou *le Christ en croix,*

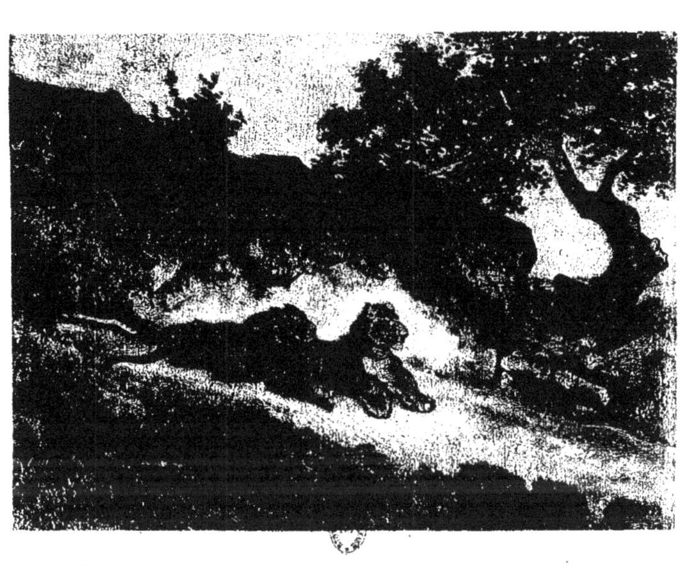

il y met moins d'élan religieux que de sentiment humain ou humanitaire. Il est peuple, avide de liberté, pénétré de l'idée patriotique. Chargé de sculpter *Jeanne d'Arc,* il ne pense ni à la sainte, ni à l'amazone guerrière, il voit une jeune paysanne : elle écoute les voix qui répondent à l'écho de son cœur. Étendu sur la pierre tombale, comme les gisants du Moyen Age, enveloppé de son suaire, *Eugène Cavaignac* garde, dans la mort, sa foi ardente, son attitude irréductible de réfractaire. Mais, lorsqu'on demande à Rude de célébrer l'élan avec lequel toute une nation, en 1792, s'est dressée pour défendre le sol natal, alors son âme tressaille tout entière et c'est d'un jet spontané, comme d'une fonte sans scorie, que jaillit *le Départ,* d'une éloquence si prenante que, dans les grandes émotions, nous nous retournons instinctivement vers lui et qu'hier encore, au milieu de la tourmente, il incarnait, symbole vivant, l'appel, l'angoisse et les espoirs de la patrie.

C'est ainsi que Rude arrive, naturellement, au sublime, et est neuf sans le chercher. Dans son exécution où, sans doute, il ne s'est jamais totalement débarrassé de ses souvenirs d'école, il ne s'embarrasse d'aucune considération qui puisse amoindrir l'expression désirée. Monge était laid : il n'essayera pas de dissimuler la rudesse du masque mal équarri, mais, par l'ingénieuse nouveauté de l'attitude, par l'ampleur de la facture, il arrivera à nous inspirer le respect devant le génie. La bouche distendue, la Marseillaise clame éperdument l'appel à la résistance, et, peut-être, n'est-ce pas ainsi qu'un visage est le plus harmonieux; mais qu'importe, si ce cri tragique nous fait tressaillir, et, d'ailleurs, la beauté ne réside-t-elle vraiment que dans le repos? L'élan de la figure, ses bras jetés au ciel, ont effrayé les puristes et, plus tard, *Ney* a encouru de semblables reproches. Rude ne les a pas choisis par caprice ou par bravade, mais parce qu'ils étaient dans le caractère de son sujet. La prose de Rude, on le voit, est imprégnée de la poésie la plus riche; elle a les tours les plus hardis. Avec une autorité tranquille, il a réconcilié la sculpture et son temps.

Ce rôle, on put croire un jour, en 1831, que Rude le partagerait avec Jean Duseigneur. Le *Roland furieux,* figure palpitante, où la fougue s'unit à une connaissance remarquable du corps humain, est, peut-être, la seule œuvre de statuaire complète qu'ait inspirée la passion romantique. Célébrée par Théophile Gautier, elle suffit à préserver la mémoire de l'artiste; mais il ne retrouva jamais cette veine. Chaponnière, de Genève, s'il eût vécu, aurait, peut-être, été un des maîtres du siècle. Un bas-relief dramatique à l'arc de triomphe de l'Étoile, la *Jeune Grecque* et surtout son *David,* digne frère du *Pêcheur napolitain* de Rude, font vivement regretter sa perte.

Rude a eu un allié qui, peut-être, a agi plus profondément encore que lui, bien que, de son temps, son action n'ait pas été reconnue : c'est Barye. Mais il s'est adonné à la petite sculpture, — n'a-t-il pas déployé de la grandeur dans le moindre bronze? C'est un animalier, — je veux, pour un moment, qu'il n'ait pas été autre chose. L'étude des animaux n'a-t-elle pas agi sur toute la peinture de Gros, de Géricault ou de Delacroix?

Ainsi que tous les Romantiques, Barye a une prédilection pour les fauves, parce que l'homme ne les a pas domestiqués, qu'ils sont libres, beaux et cruels. Quand il les contemple dans les cages du Jardin des Plantes, ils évoquent pour lui les cieux ardents, les jungles exubérantes, les déserts brûlés où ils ont été capturés et dont les aspects et les colorations se mariaient à leurs formes et à leurs pelages. Ces rêves, il les a traduits en puissantes aquarelles. Mais il a, comme artiste, d'autres raisons d'admirer lions et tigres. Le fauve est une formidable machine agencée pour le carnage : force et souplesse, squelette et muscles, ensemble de ressorts qu'aucun tissu parasite ne vient engoncer. Chez nul être, les formes n'expriment plus complètement les forces internes ; chez aucun, la correspondance entre tous les mouvements n'est aussi sensible, de la mâchoire, qui broie, aux pattes, qui s'arc-boutent sur le sol. Barye étudie ces rapports subtils, il en analyse le jeu, et c'est parce qu'il en a sondé le mécanisme qu'il nous livre ces images où le mouvement surpris a une frémissante évidence. *Lion écrasant un serpent, Tigre dévorant un gavial, Jaguar dévorant un lièvre,* ne nous arrêtent pas par le bonheur de l'arabesque, le pittoresque du sujet, le rendu de la crinière et du poil ; leur beauté est plus profonde : ils ont été conçus du dedans au dehors, leurs volumes sont commandés par la force qui les anime. Le génie de Barye est dynamique.

Une telle conception ne serait-elle valable que pour représenter les animaux ? Elle s'applique naturellement à l'homme : elle délivre de toutes les esthétiques factices qui cherchent la beauté dans des rapports abstraits de lignes. Elle conseille la vérité et tire l'harmonie du sens physiologique. Barye n'a pas abandonné à d'autres le soin d'en faire la démonstration. La parenté entre l'animal et l'homme, il l'a affirmée dans ces monstres chimériques et réels, *le Centaure, le Minotaure,* dont la double nature n'est pas juxtaposée, mais dérive d'une fusion organique. Il a été un magnifique sculpteur de l'homme dans la plénitude de son développement. *Thésée, le Lapithe* ont la large poitrine, le corps robuste et souple qu'à un moment unique la Grèce de Phidias a exaltés. Plus tard, les groupes allégoriques au Nouveau Louvre sont empreints de la même pensée calme et saine. En répudiant le formalisme des écoles, Barye a retrouvé l'esprit classique qui fut un esprit vivant. L'exécution est grasse, synthétique, sans sacrifier aucune particularité nécessaire.

Est-ce bien là de la sculpture romantique? Les rêves du Romantisme ont parfois traversé l'imagination de Barye : *Angélique et Roger sur l'hippogriffe, Charles VI dans la forêt du Mans,* des chasses orientales en témoignent; ce sont, dans son œuvre, pages d'exception. L'essentiel est que, dans l'atmosphère romantique, de concert avec Rude, il ait forgé l'instrument qui avait manqué à Préault et grâce auquel, désormais, allaient pouvoir s'exprimer, sans contrainte, les tempéraments modernes.

## L'Architecture et les Arts de la Vie

Ce chapitre prendrait aisément l'allure d'un réquisitoire. Les œuvres d'architecture ou d'art industriel que le Romantisme a inspirées sont, presque toutes, détestables ou déplorables.

L'Empire avait pastiché l'art gréco-romain. Comme les temples grecs étaient passés de mode, tandis que s'achèvent la Madeleine et la Bourse, que se poursuivent les travaux de l'arc de triomphe de l'Étoile imposant, du moins, par ses proportions, sa masse et l'âme qui l'anime, Lebas, à Notre-Dame-de-Lorette, Hittorf, à Saint-Vincent-de-Paul, imitent des basiliques chrétiennes. Le Romantisme intervient; comment? par d'autres pastiches. Sous son influence, Sainte-Clotilde, œuvre de Gau, puis de Ballu, ouvre, à partir de 1846, la série, désormais indéfinie, des interprétations plus ou moins exactes, toujours factices, de l'art gothique. Peu d'édifices civils : heureusement. Le manoir Beauchesne, au bois de Boulogne, était un mélange incohérent de réminiscences du Moyen Age et de la Renaissance. Oscar n'a pas eu souvent occasion de réaliser les merveilles pittoresques qu'il proposait à Jérôme Paturot. Le Romantisme, d'ailleurs, n'a pas le sens constructif : architecture, pour lui, est surtout décoration. Il se contente de plaquer, sur un édifice quelconque, des motifs somptueux ou truculents. La décoration fleurie, surchargée, avec des petits bustes de troubadours et de châtelaines émergeant parmi les rinceaux, dont se parait la Maison Dorée, le passage de la Renaissance, à Amiens, sont les meilleurs exemples d'une mode où l'archéologie n'est intéressante que par ses incertitudes ou ses erreurs.

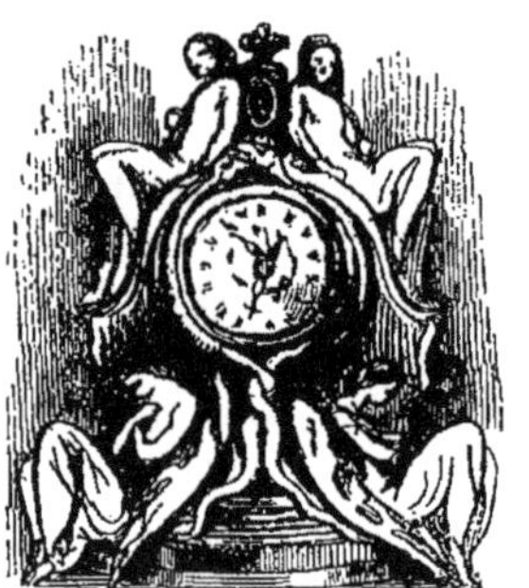

Dans les arts industriels, le style de l'Empire évoluait spontanément. Ce qu'il avait eu de grandiose et de solennel et qui semblait, à présent, massif et lourd, tendait à s'atténuer ou à s'assouplir. Les courbes, sous la Restauration, commençaient à jouer un rôle prédominant. L'esprit romantique intervient : c'est pour provoquer une invasion du bibelot et du bric-à-brac, pour déverser dans les appartements les objets hétéroclites retrouvés dans les greniers ou découverts chez les brocanteurs. L'intérieur de Mme de la Baudraye, que décrit Balzac dans *la Muse du Département*, 1844, réunissait Jean Goujon, Michel Colomb, Germain Pilon,

Boulle, Van Huysum, Boucher, Clodion, Brustolone, Bernard Palissy, Durer. Le boudoir d'*Albertus*, chanté par Théophile Gautier, était, à peine, plus hétéroclite. La chambre d'*Aurélia*, selon Gérard de Nerval, avec moins de merveilles, a le même caractère.

Devant cette invasion, toute recherche originale disparaît. Il faut, selon le goût du jour, fabriquer des meubles, des pendules, des thermomètres gothiques, des reliures à la cathédrale. Les décorateurs s'ingénient à amalgamer des motifs pillés, sans discernement, à travers siècles et pays, combinent Moyen Age et Renaissance. A leur tête, Aimé Chenavard dont les conceptions nous paraissent, aujourd'hui, extravagantes mais qui n'a fait, après tout, que répondre aux désirs de ses contemporains. Le résultat, le comte de Laborde l'a éloquemment dénoncé dans son admirable Rapport, écrit à la suite de l'Exposition universelle de Londres, en 1851, et publié en 1856. Il a montré tout ce que la manie de l'imitation, l'abandon de l'esprit d'invention allaient coûter à l'art, à l'industrie, à la prospérité de la France. Il n'a, d'ailleurs, pas été écouté et le mal a continué à sévir pendant un demi-siècle, avant le redressement actuel.

Voilà un acte d'accusation assez impressionnant. Les faits ne peuvent être contestés. Ils appellent, pourtant, quelques commentaires. Tout d'abord, nous le savons, la passion ou la manie de l'histoire n'a pas été créée par le Romantisme. Elle est née de la Révolution, du besoin, au moment d'un bouleversement universel, de chercher des titres, des explications dans le passé; elle a été soutenue par les partis politiques. Augustin Thierry cherche, dans les aventures de Jacques Bonhomme, la justification de la démocratie, et Charles X se fait sacrer à Reims dans un décor gothique. Peintres et sculpteurs ont, nous l'avons vu, su tirer parti de l'histoire; il faut regretter que les architectes et les décorateurs en aient été écrasés. Ils ont donc fait des pastiches. Le Romantisme les condamnait-il à ne pas faire autre chose? Stendhal, dans les *Mémoires d'un touriste,* à propos de la Grande-Chartreuse parle d'une « architecture vraiment romantique... c'est-à-dire non gauchement copiée d'ailleurs, et soigneusement adaptée au lieu et à l'effet que l'on veut produire. » De cette architecture, les contemporains n'ont guère fourni d'exemples à Stendhal : il suffit qu'il l'ait conçue pour nous autoriser à prétendre qu'à travers les copies, le Romantisme, ici comme ailleurs, tendait à la liberté. Ceux qui avaient copié les ordres classiques croyaient y reconnaître le canon exclusif de la Beauté. Tout autre est l'état d'esprit du Romantique devant le gothique. Il l'aborde avec le sentiment plus ou moins conscient que les expressions de la Beauté sont multiples, prêt à admirer, lorsqu'ils s'offriront à sa vue, Renaissance, Byzance, art musulman. Cette attitude lui commande le respect. Nous ne pouvons oublier que ce sont les Romantiques, Victor Hugo en tête, qui ont préservé les gloires de l'ancienne France et proclamé la guerre aux démolisseurs. Le gothique, au premier contact, apparaît comme une création mystérieuse, touffue, impressionnante et c'est ainsi que Victor Hugo l'a exalté : mais, ensuite, on s'efforce de le comprendre. Tandis que Caumont ou Mérimée créent l'archéologie nationale, que la Commission des monuments historiques

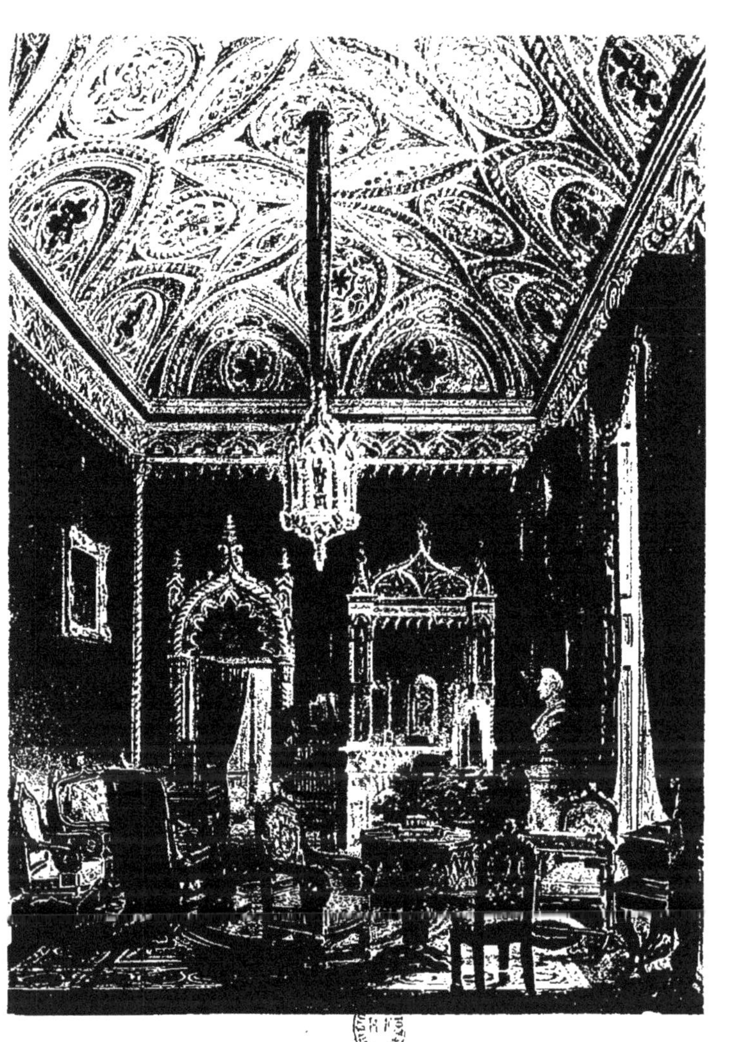

commence ses travaux, de jeunes architectes, Viollet-le-Duc, Lassus scrutent la technique du Moyen Age et les voici qui entreprennent, avec une ardeur indiscrète, mais avec une science certaine, la restauration de Vézelay, de Notre-Dame de Paris, de la Sainte-Chapelle, de Saint-Denis. Par eux, peu à peu, se dégagera l'idée d'une architecture nationale; du contact prolongé avec le gothique qui les obsède, il sortira, du moins, la conception d'un art rationnel.

Les élèves des ateliers officiels ne demeureront pas tous étrangers à l'esprit de leur temps. Ils renouvellent la connaissance et la compréhension de l'art antique même : Hittorf démontre, en 1831, la polychromie des temples grecs. Ils dédaignent le gothique mais étudient la Renaissance; Duban, en 1845, commence la restauration du château de Blois. Labrouste, prix de Rome, réclame, dès 1829, la réforme de l'enseignement de l'École, contre lequel César Daly mène campagne dans la *Revue d'architecture,* et c'est Labrouste qui, à la Bibliothèque Sainte-Geneviève, commencée en 1843, donne le premier exemple d'un édifice rationnel, conçu, tout entier, selon les exigences matérielles et morales d'un programme moderne. Pour réaliser son œuvre, il emploie les ressources nouvelles et utilise franchement la fonte de fer. Un tel ouvrage, à lui seul, justifie toute une époque. La société centrale des architectes, fondée en 1840, prend pour devise « le Beau, le Vrai, l'Utile ». Les deux derniers termes ont une allure révolutionnaire. Jouffroy, dans son cours d'esthétique, en 1843, opposait encore l'utile à la beauté.

Ainsi la période romantique au milieu de productions

artificielles ou déplorables a, tout de même, entrevu la terre promise et préparé, de loin, l'éclosion de l'ar-

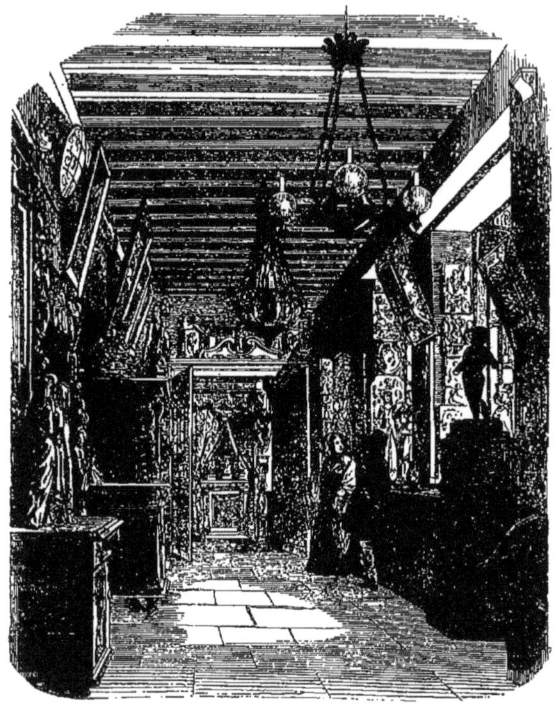

chitecture dont nous saluons aujourd'hui le pénible enfantement.

Pour les arts industriels il est permis de tenter un plaidoyer analogue.

La chasse aux vieux meubles et aux bibelots n'a pas eu que des effets funestes. Elle a arrêté la destruction de merveilles. Des collectionneurs érudits ou doués, comme le cousin Pons, d'un flair spécifique, les Sauvageot, les Du Sommerard, les Trimolet, les Révoil ont rendu d'inappréciables services. Ils ne sont pas responsables si l'on a fait et si l'on continue à faire mauvais usage, en les copiant littéralement, des trésors qu'ils avaient assemblés. En nous restituant les témoignages du génie des siècles passés, ils nous ont préparés à les comprendre et à produire avec une verve et une liberté semblables. La collection de Du Sommerard est devenue, en 1843, le musée de Cluny. Déjà l'acquisition des collections Durand, 1825, et Révoil, 1828, jointes aux débris des collections de la couronne et du trésor de Saint-Denis, avait, au Louvre, permis de constituer un ensemble d'objets du Moyen Age et de la Renaissance. Faits significatifs : ils attestent l'intérêt nouveau accordé au décor de la vie. C'est là un point essentiel : le Romantisme a pu se tromper dans ses manifestations, il a du moins introduit, en toute chose, un souci d'art. Lisez, dans Balzac, les descriptions du boudoir de madame du Tillet (*une Fille d'Ève*), de l'hôtel de la comtesse Laginska (*la Fausse maîtresse*) que Gabriel Mourey rappelait naguère dans son histoire de *l'Art décoratif*. Ce luxe, vous n'en doutez pas, est de mauvais aloi : mais l'intention témoigne un raffinement nouveau des mœurs. Heureuse époque où arborer un pourpoint rouge était une manifestation esthétique. Nous avons, aujourd'hui, et combien nous avons raison, de l'indulgence pour les modes romantiques : peu nous importe qu'elles s'inspirent, d'une façon plus ou moins légitime, de l'archéologie; la fameuse toque à créneaux nous fait à peine sourire quand elle nous est présentée dans une jolie vignette. Nous admirons les changements rapides, la succession des bonnets, des turbans, des bérets, des grands chapeaux à panache, les savantes coiffures avec leurs belles coques, les robes amples et les manches à gigots. On a aimé successivement le blanc, les tons clairs, les couleurs foncées, et on les a baptisées de dénominations sensationnelles : *crapaud amoureux, araignée méditant un crime, puce rêveuse* ou *fiancée de Moscou*. Les toilettes masculines témoignent de semblables recherches. Cheveux relevés en houppe sur le sommet de la tête, barbe satanique, longues redingotes à châles énormes, pantalons à pattes ont pu défrayer la verve des caricaturistes. Chez Devéria, chez Lami et chez l'intarissable Gavarni, élégances masculines et féminines, soulignées d'un crayon moderne, ont, assurément, du caractère. Jeunes France et lionnes portaient des bijoux où s'était dépensée trop d'érudition. Ces bijoux, tout au moins, n'étaient pas des étalages de diamants et de perles. Wagner ou Froment-Meurice, orfèvres et grands artistes eux-mêmes, ont eu pour collaborateurs, Pradier, David d'Angers, Préault, Feuchères et, à côté d'eux, des ciseleurs-sculpteurs éminents,

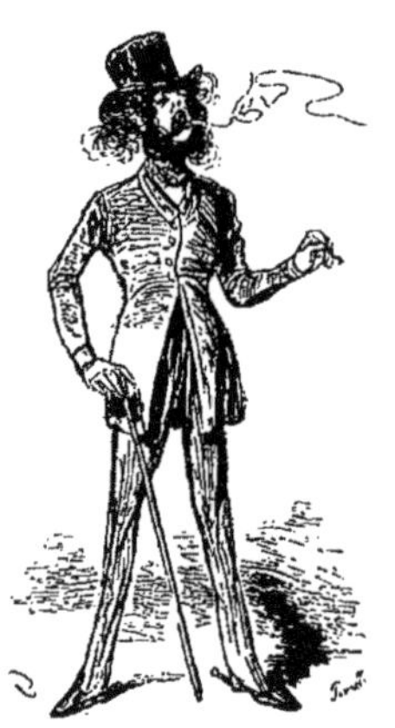

Vechte ou Klagman. Le duc d'Orléans commandait un surtout de table à Barye.

Une belle ardeur mal dirigée. Quelques-uns en ont eu conscience. « Notre siècle n'a point de formes. Nous n'avons donné le cachet de notre temps ni à nos maisons, ni à nos jardins, ni à quoi que ce soit... aussi les appartements des riches sont des cabinets de curiosité... en sorte que nous ne vivons que de débris comme si la fin du monde était proche. » Ainsi s'exprime, dans *la Confession d'un enfant du siècle,* Alfred de Musset, clairvoyant et dur.

Cependant, à la distribution des prix de l'École royale et spéciale de dessin — aujourd'hui École des arts décoratifs — en décembre 1844, Belloc invitait les élèves à un effort original : « Les plantes de notre pays, disait-il, offrent mille gracieux motifs... elles valent bien le lotus égyptien ou l'acanthe et la palme grecque, et on y trouverait de plus, la variété, la souplesse, la vie, qui

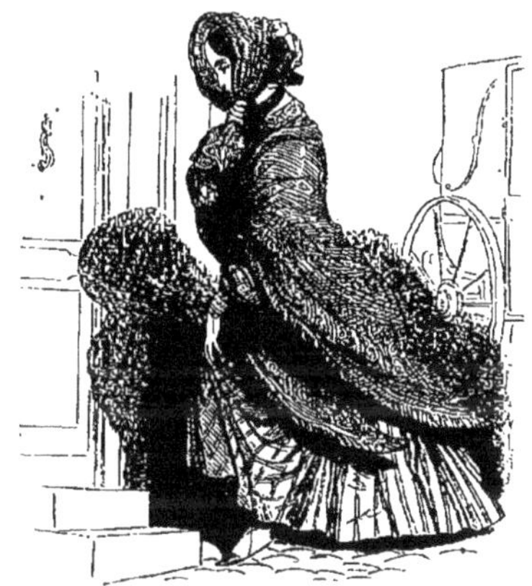

manquent en général aux compositions d'ornements traditionnels. Nos animaux bien compris peuvent lutter aussi de grâce et de caractère avec ceux que l'art antique affectionne. Alors sortirait du sol même de notre France un style national qui aurait de profondes racines dans l'observation populaire, dans les habitudes, dans les affections de la masse du public. »

Ce programme n'est-il pas imprégné d'un désir d'originalité vraiment romantique? L'indépendance, la clairvoyance que le comte de Laborde allait bientôt déployer dans son célèbre Rapport ne doivent-elles rien au mouvement d'idées et de sentiments qui travaillèrent la période que nous venons d'étudier? Condamnons les œuvres d'architecture et d'art industriel qu'a produites l'âge romantique, mais sachons gré au Romantisme d'avoir généralisé le souci de l'art et reconnaissons qu'il portait, en lui, les aspirations capables de ramener, quelque jour, à des conceptions saines et fécondes les esprits que la manie historique avait dévoyés.

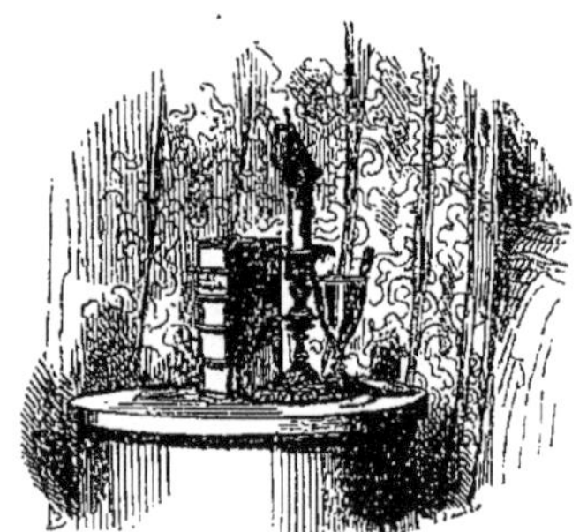

# Conclusion

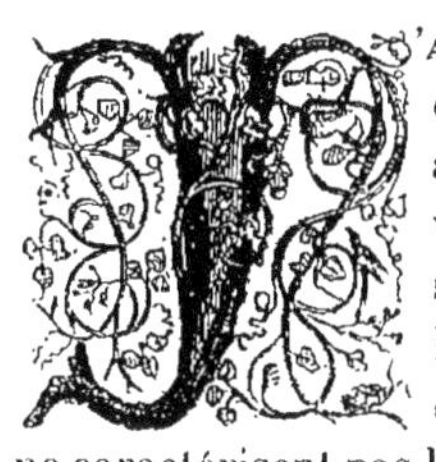

'ai essayé, dans ces quelques pages, d'évoquer l'art romantique. Il s'est accompagné d'exagérations, d'extravagances même, je ne les ai pas dissimulées mais je n'y ai pas insisté. Elles ont fait grand bruit sans être essentielles. Quelques excentricités ne caractérisent pas le Romantisme, il ne se définit même pas par les formes qu'il a revêtues et que les circonstances lui ont suggérées. Les sujets historiques, l'orientalisme sont parmi ses thèmes préférés. Dira-t-on qu'ils sont romantiques par essence? En fait, ils ont été traités par des artistes aux tendances les plus diverses. D'autres époques auraient porté ailleurs leur curiosité. Mais — et c'est là le fait important, — il y a eu une façon de penser, une façon de sentir qui étaient romantiques. Elles ont coloré toute page, ont uni, par un lien profond, les différentes œuvres et, aussi, les différents arts. Voilà, si j'en avais eu le pouvoir, ce que j'aurais été heureux de mettre en lumière.

Dans la lutte éternelle entre le sentiment et la raison, le Romantisme a, pour un temps, donné la prééminence à la sensibilité sur la logique, à l'image sur l'idée pure. D'autres âges avaient connu des dispositions semblables ; j'ai cité la période hellénistique, la phase flamboyante du gothique. L'avenir, on n'en saurait douter, verra d'analogues retours.

Une longue gestation avait préparé le Romantisme : il n'est pas né de la crise qui a favorisé son épanouissement : depuis longtemps, il attendait son heure. De même, quand l'atmosphère s'est modifiée, il ne s'est pas éteint en un jour. Il s'est subordonné, mais il n'a pas disparu lorsque des conceptions nouvelles se sont imposées. Il a continué à exercer une action directe et une influence générale. L'écho prolongé de sa voix n'a cessé, jusqu'à nous, de se faire entendre.

Les protagonistes du Romantisme, ceux qui avaient commencé à se produire sous son signe, ont continué à œuvrer. L'âge, l'ambiance ont agi sur eux mais ne les ont pas métamorphosés. Delacroix a signé, en 1855, *les Deux Foscari*, et Ingres, en 1862, *le Bain turc*, sa page la plus sensuelle. Les Romantiques ont encore, après 1848, recruté des disciples dont le plus illustre est Gustave Moreau. Surtout ils ont, peu à peu, forcé les résistances du public. La popularité, qu'ils n'avaient pu conquérir de haute lutte, leur appartient aujourd'hui. L'Exposition universelle de 1855 a été, pour eux, une première apothéose. Les consécrations officielles se sont, depuis lors, multipliées : leurs œuvres essentielles sont entrées dans les musées; elles triomphent au Louvre. Elles ont contribué et elles continuent à aiguiser notre sensibilité, à la rendre plus souple.

Le Romantisme n'avait épuisé ni ses possibilités, ni les objets de ses recherches. Dans une brochure célèbre, M. Signac a montré que, de Delacroix au néo-impressionnisme, s'est poursuivi un même effort pour faire chanter et vibrer la couleur. Avec Carpeaux et Rodin, la sculpture n'a pas seulement évolué dans les voies ouvertes par les maîtres romantiques : elle a créé des œuvres où le Romantisme se serait pleinement reconnu. De quelles acclamations et de quelles colères auraient été saluées, s'ils avaient paru, vers 1830, *Ugolin ou le Penseur !* Les notations subtiles de Fauré ou de Debussy, avides de refléter les nuances les plus intimes des âmes, et, d'un autre côté, les audaces des compositeurs actuels, jaloux de nous offrir, par des combinaisons imprévues ou condamnées de sons et de bruits, des sensations neuves s'accordent, également, avec la tradition romantique.

Le Romantisme, par ailleurs, a exercé une influence générale. Il a proclamé la liberté dans le domaine des arts. En revendiquant, pour chacun, le droit absolu de s'exprimer selon son tempérament, il a, d'abord, défendu sa propre cause. Il a, en même temps, fraternellement favorisé l'essor de toutes les tendances, de celles qui lui étaient sympathiques, de celles aussi qui le combattaient et méditaient sa ruine. Ainsi a grandi cette volonté de tolérance qui a fini par s'imposer à tous les esprits. Bien des artistes pensent, encore à l'heure actuelle, qu'il ne saurait être rien créé de valable en dehors de lois certaines; mais les plus férus de règles et de discipline n'oseraient réclamer des ostracismes.

Ce respect réciproque se fonde en doctrine. Nul ne se

hasarde, aujourd'hui, à formuler un critère du Beau. Le Romantisme nous a convaincus de la relativité de la Beauté. Grâce à lui, nous reconnaissons à chaque pays, à chaque période, à chaque artiste le droit de choisir son idéal et sa norme. Vérité bienfaisante! Par elle, dans le passé, nous faisons acte de perspicacité et de justice envers les morts réconciliés. Par elle, nous favorisons, dans le présent et dans l'avenir, l'éclosion du génie. Par elle, enfin, nous multiplions nos joies. Il n'est plus de héros dont la parole nous laisse réfractaires; nous nous ouvrons, d'un cœur sympathique, à toutes les révélations.

Un mot encore. Le Romantisme a lié, étroitement, l'art et la vie. Il a infusé le souci esthétique en toute chose. L'importance nouvelle prise par la critique d'art et par l'histoire de l'art en porte témoignage. Il n'est guère de grand écrivain qui, depuis lors, n'ait, à quelque moment, communiqué au public ses impressions artistiques. Notre existence s'est enrichie et ennoblie. C'est pourquoi notre reconnaissance est vive envers cette phalange fiévreuse et généreuse qui vint, il y a un siècle, avec les imprudences mais, aussi, avec la force invincible de la jeunesse, à l'heure où la civilisation matérielle menaçait de tout avilir, exalter les valeurs spirituelles et revendiquer la suprématie de l'Idéal.

FIN

## Table des Planches hors texte

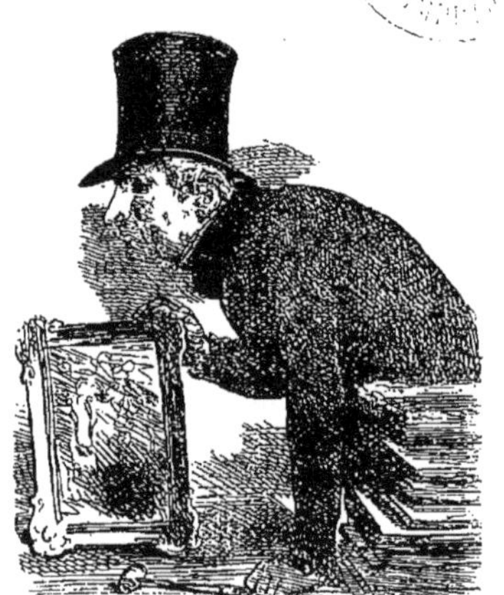

# Table des Matières



BF

Achevé d'imprimer
par Coulouma, maître imprimeur, à Argenteuil,
H. Barthélemy étant directeur,
et par Jacomet,
à Paris,
le 5 Avril 1928.

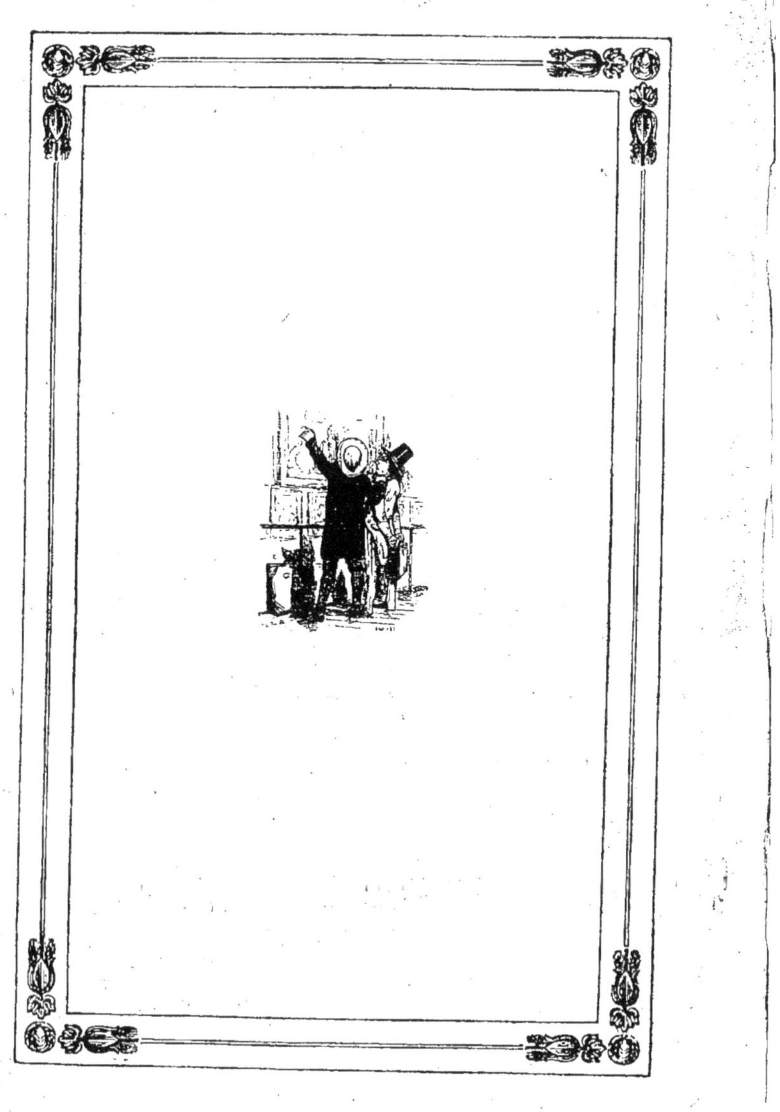

www.ingramcontent.com/pod-product-compliance
Ingram Content Group UK Ltd.
Pitfield, Milton Keynes, MK11 3LW, UK
UKHW022020170726
13837UKWH00001B/294